한국프로야구
기록의 달인들

지은이	서원익
펴낸이	모두출판협동조합(이사장 이재욱)
초판 인쇄	2023년 3월 10일
초판 발행	2023년 3월 22일
디자인	나비 02.742.8742
주소	서울 도봉구 덕릉로 54가길 25(창동 557-85, 우 01473)
전화	02)2237-3301, 02)2237-3316
팩스	02)2237-3389
이메일	ssbooks@chol.com

ISBN 979-11-89203-38-2(03690)
@서원익, 2023
modoobooks(모두북스) 등록일 2017년 3월 28일/ 등록번호 제 2013-3호

책값은 뒤표지에 씌어 있습니다.

한국프로야구 기록의 달인들
야구는 기록이다-KBO 기록실

서원익 지음

modoobooks

모든 사람의 모두(冒頭) 가치를 지향하는 협동조합출판사

책머리에

한국프로야구 개인 통산기록

우리나라 프로야구는 1982년 시작해서 올해 42년째다. 이 책은 한국프로야구 분야별 개인 통산기록을 수록하고 있다. 많은 선수들이 입단해서 언젠가는 은퇴를 하게 되지만 기록은 영원히 남는다. 다른 스포츠와 비교해서 야구보다 기록의 종류가 많은 종목은 없다. 홈런, 안타, 타점, 다승, 방어율, 세이브는 기본이고 20-20클럽, 연속경기출장·안타, 연속 10승 투수, 연속 3할 타자 등 수십 가지가 나온다.

    1876년 내셔널리그를 시작으로 150년 가까이 되는 메이저리그 개인 최다기록과 한국프로야구 기록을 비교해보면 피트로즈 4,256안타와 박용택 2,504안타, 배리본즈 762홈런과 이승엽 467홈런, 사이영 511승과 송진우 210승, 리키헨더슨 1,406도루와 전준호 549도루, 리베나 652세이브와 오승환 370세이브, 칼립켄 주니어 2,632연속 경기출장과 최태원 1,009연속 경기출장, 놀란 라이언 5,714탈삼진과 송진우 2,048탈삼진으로 차이가 난다.

    162경기의 메이저리그와 비교하면 경기 수가 적지만 통산기록

수치에서 많은 차이가 난다. 하지만 우리나라 선수들의 기록도 절대 우습게 볼 기록이 아니다. 이승엽 467홈런, 송진우 210승이 메이저리그처럼 700홈런, 500승을 넘기지 못했지만 대단히 어려운 기록들이다. 100호 홈런은 프로 출범 5년 만에 나왔지만 300호 홈런은 2000년, 400호 홈런은 2015년 34년 만에 나왔다. 프로통산 100승 투수는 프로 6년째 1987년에 나오지만, 200승 투수는 프로야구 25년째 2006년에 나왔고, 200승 투수는 송진우 1명이다.

이 책을 통해서 40여 년 동안 한국프로야구 분야별 순위에 들어가는 선수들의 개인 통산 기록을 소개하고자 한다. 이 책에는 기록을 만든 1980년대 선수들부터 2020년대에 활약하고 있는 선수까지 등장한다. 독자가 50대, 60대라면 잠시 잊고 지냈을지도 모를 홈런왕 이만수, 다승왕 김시진, 탈삼진 최동원, 도루왕 김일권을 떠올릴 것이고, 30대 후반, 40대라면 1990년대 마운드를 주름잡았던 정민철, 정민태, 김상진이 생각날 것이다.

이 책을 읽을 연령이 다양할 것이라고 생각한다. 20대는 3~40년 전 이런 대단한 선수가 있었다는 것을 알고, 5~60대 나이 드신 분들은 잊혀져간 1980년대 선수들을 기억하고, 옛날에 야구광이었다가 야구를 보지 않았던 골수팬들은 2000년대 2010년대 선수들을 알고, 우리나라 프로야구 통산기록과 역사를 아는 데 도움이 되길 바란다.

각 부문별 기록은 KBO홈페이지와 스탯티지 www.statiz.co.kr 사이트를 참고하였다.

2023년 2월
지은이

목차

004 　책머리에 / 한국프로야구 개인 통산기록

제1장

한국프로야구의 눈부신 타자 기록

010 　홈런왕의 계보
　　　200호 홈런
　　　300호 홈런
018 　타격의 달인들과 통산 타율
022 　타점 기계들과 통산 타점
026 　안타 제조기와 통산 안타
030 　출루왕과 출루율의 비밀
034 　2,000안타 쳐야 달인의 반열
037 　장타력이 야구의 재미 더해준다
041 　2루타 시즌 최고 기록은 49개
045 　3루타가 홈런보다 어렵다면 통산 기록은?
049 　똑딱이 안타 중 1루타 비율이 80% 이상
053 　볼넷도 실력이다
057 　득점은 공격의 최종 목표
061 　타자 사구로 벤치 클리어링 일어나기도
065 　희생번트는 감독의 주문인 경우가 많아
069 　희생 플라이는 득점에 성공해야 인정
072 　도루왕들의 기동력도 멋진 야구 볼거리
076 　3할 5푼 타자들은 레전드 가능성
079 　개인최대경기출장도 야구팬들의 관심거리
083 　타석(打席)은 깊이 있는 타자 평가의 기준
087 　선구안은 좋은 타자의 기준
090 　삼진아웃의 여러 가지 사연들
094 　고의 4구는 투수 마음일까, 타자 실력 때문일까?
098 　도루 성공률에 기여하는 주루코치의 존재감
102 　호타준족은 치고 달리기의 달인
106 　연속시즌 100안타는 꾸준함과 성실함의 상징
110 　연속시즌 3할 타자는 타격 달인의 상징

114	병살타 적게 치는 것도 실력이라고?
118	재일교포 타자들
121	용병 타자들, 다양성과 볼거리에 한몫
125	포스트시즌 타자들의 가을 체질
129	사이클링 히트는 신의 한 수일까?
132	실책은 병가지상사(兵家之常事)?

제2장

한국프로야구 투수 기록들

138	최다승 투수의 계보
142	방어율은 올바른 투수 평가의 잣대
146	탈삼진은 야구팬의 눈길 사로잡는 흥밋거리
150	승률왕은 실력일까, 운빨일까?
154	마무리 투수의 찬란한 계보
158	홀드, 시대에 따라 달라지는 투수의 역할
162	투수의 경기 출장은 꾸준함의 척도
166	완투, 그야말로 무쇠팔의 신화
170	완봉승, 투수 역량의 또 다른 좌표
174	구원승, 우연의 승리만은 아니다
178	통산이닝도 투수의 자질과 실력을 평가하는 기준
182	볼넷 허용, 투수에게는 필요악일까?
186	사구 허용 투수, 사구의 원인은 뭘까?
190	피홈런 투수, 악몽이지만 어쩔 수 없다
194	탈삼진 많이 잡는 투수는 맞혀 잡는 투수가 맛보지 못한 어떤 스릴을 느낄까
197	맞혀 잡는 투수의 매력은?
200	20승 투수는 꿈의 스코어
204	연속 10승 투수는 결코 쉽지 않은 목표
208	1점대 이하 방어율의 신화
212	왼손투수, 야구에서 대접받는 까닭은?
216	언더핸드 사이드암, 옆구리 투수들

220	선발투수, 투수들이 가장 선호하는 보직
224	전천후 투수, 선발 중간 마무리 두루 경험
228	재일교포 투수, 한국프로야구에서의 활약
232	용병투수, 이방인 투수들이 그린 궤적
236	포스트시즌 투수, 전설 중의 전설 최동원
240	40대 투수, 장수비결은 무엇일까?

제3장

**한국프로야구의
의미 있는 랭킹**

244	골든글러브, 황금장갑의 족적
248	다관왕, 투타의 전설들이 쌓아올린 공든 탑
254	신인 통산 성적, 누구나 한 번은 신인이다
259	저니맨, 야구도 인생이라 어쩔 수 없이
263	KBO에서 해외로 진출한 선수들
267	올스타전, 한국프로야구의 팬서비스 대잔치

제1장 한국프로야구의 눈부신 타자 기록

홈런왕의
계보

야구의 꽃은 역시 홈런이다. 야구팬들은 타율이 높은 수위타자나 안타를 가장 많이 치는 안타 왕보다 홈런 많이 치는 홈런왕을 더 알아주고 관심을 가진다. 1982년 홈런왕의 홈런 개수는 22개였는데, 40년 동안 50개 이상의 홈런왕이 4번 나왔으니 홈런도 많이 발전했다는 것을 보여준다. 한국프로야구에서 홈런타자라고 하면 이만수 ⇨ 장종훈 ⇨ 이승엽 ⇨ 박병호를 꼽는다. 이만수 3번, 장종훈 3번, 이승엽 5번, 박병호 6번 홈런왕을 차지했다.

  1980년대는 이만수가 5년 만에 처음으로 통산 100호 홈런을 쳤지만 김봉연도 2번, 김성한도 3번 홈런왕 타이틀을 거머쥐었다. 이만수는 홈런으로 많은 팬을 끌어 모으며 야구흥행에 크게 공헌한 선수다. 이만수 하면 떠오르는 것이 홈런치고 좋아서 어쩔 줄 모르는 홈런 세레모니다. 홈런 치고 좋아서 펄쩍펄쩍 뛰다가 상대 투수에게 몸에 맞는 공도 많았고, 1991년에는 홈런 세레모니로 김성근 감독에게 주의를 받기도 했다.

  2세대 홈런왕 장종훈 시대는 1990년부터 시작되었다. 1987년부터 1군에 나타나 3년 동안 시즌 홈런 20개를 쳐본 적이 없던 장종훈은 1990년 이만수와 경쟁하며 28개로 홈런왕이 되었고, 1991년 35개,

1992년 41개로 40개 홈런왕 시대를 처음으로 열었다.

3세대 홈런왕은 이승엽이다. 1996년 9개의 홈런을 훌쩍 뛰어넘어 1997년 32개로 홈런왕이 된 이승엽은 2003년까지 7년 동안 홈런 신드롬을 일으켰고, 1999년 당시 2개 차이로 아시아 홈런 신기록은 경신하지 못했지만 50개 홈런시대를 열었다. 이승엽은 메이저리그에도 소개되었고 관중 동원, 외야석의 잠자리채, 이승엽이 타석에 들어설 때 배경음악 엄정화 페스티발이 추억거리다.

2004년 이승엽이 한국에서 사라진 후 8년 정도는 붙박이 홈런왕이 없었다. 박경완, 이대호, 심정수, 김태균 등이 홈런왕을 했지만, 1~2번이고 홈런 숫자에서도 이승엽과 차이가 났다.

2012년에는 홈런왕 박병호가 탄생했다. LG에서 기회를 잡지 못하던 박병호는 2011년 시즌 중 넥센으로 트레이드되었고, 2012년부터 4년 연속 홈런왕에다 2년 연속 50개 홈런을 쳤다.

홈런왕들의 특징을 보면 이만수는 프로 원년에 13개의 홈런에 그치며 정확성이 떨어진다는 평가를 듣고 있었지만, 이듬해 27개의 홈런을 쳤고, 1984년부터 5년 동안은 3할의 홈런 타자였다. 이만수는 힘이 좋아 잡아당기는 풀스윙으로 홈런왕이 되었다

장종훈은 롯데 강병철 감독이 1988년 빙그레에 왔을 때 "장종훈이 앞으로 한국프로야구 타자부문 통산기록을 다 세운다."고 하며 가능성을 직감했다. 구단에서 장종훈을 트레이드하려고 하는데 강병철이 나서서 막았다는 이야기도 있다. 장종훈의 홈런 비결로 많은 야구인들이 체중 이동이 좋다는 말을 한다. 장종훈의 홈런은 포물선이 아니라 쭉 뻗어나가는 홈런이다. 장종훈 본인도 담장이 높은 인천도화야구장과 전주구장에서는 라인 드라이브 타구가 담장에 걸려 홈런을 손해 봤다는 이야기를 하였다.

이승엽의 홈런 비결에 대해서는 여러 가지 이야기가 나온다. 먼

저 자신은 다른 선수보다 유연성이 좋다고 했는데, 오랜 기간 함께 있었던 박흥식 코치는 홈런 비결에 대해 유연성, 회전력, 스윙이라고 하였다. 또 동체 시력, 기술, 손목 힘이 좋다, 임팩트 순간 타구에 체중을 싣는 기술이 좋다 등 여러 가지 이야기가 나왔다. 이승엽은 1997년 홈런왕이 된 후 1998년까지만 해도 인터뷰에서 자신이 노리는 것은 안타 왕이고, 홈런은 타이밍만 잘 맞으면 넘어가는 것이라고 했다. 이승엽이 좋아하는 코스는 바깥쪽 약간 높은 공이었다.

박병호는 자신의 홈런 비결에 대해 기술로 홈런을 만드는 이승엽과 달리 힘이라고 하였다. 힘과 기술의 비율을 7:3이라고 하였으며, 힘으로 스트라이크를 벗어난 공을 넘긴 적이 있다고 하였다. 그리고 투 스트라이크 이후에도 풀스윙이다. 2016년 미네소타 시절에도 62경기에서 12개의 홈런을 치며 타율은 낮아도 홈런은 녹슬지 않는다는 사실을 보여주었다.

통산 홈런 1위는 15년 동안 467개를 친 이승엽이다. 만일 해외진출 8년 동안 계속 우리나라에 있었다면 통산 700홈런은 넘었을 것이다. 한 해 평균 30개라면 707개, 40개라면 787개가 된다. 메이저리그 최고 홈런타자 배리본즈의 762개도 넘었을지 모른다.

현역선수 중에는 최정이 2022년까지 429개의 홈런으로 이승엽 홈런 기록까지 38개를 남겨 놓고 있다. 40살까지 선수생활을 하고 한 시즌 20개씩 쳐준다면 이승엽의 기록을 경신하고 500 홈런이 탄생할 수 있다.

통산홈런 순위

순위	이름	팀	연도	홈런
1	이승엽	삼성	1995~2017	467
2	최정	SK	2005~	429
3	이대호	롯데	2001~2022	374
4	박병호	LG 〉 넥센 〉 KT	2005~	362
5	최형우	삼성 〉 기아	2002~	356
6	양준혁	삼성 〉 해태 〉 LG 〉 삼성	1993~2010	351
7	장종훈	한화	1986~2005	340
8	이호준	해태 〉 SK 〉 NC	1994~2017	337
9	이범호	한화 〉 기아	2000~2017	329
10	심정수	OB 〉 현대 〉 삼성	1994~2008	328
11	박경완	쌍방울 〉 현대 〉 SK	1991~2013	314
12	송지만	한화 〉 우리	1996~2013	311
12	김태균	한화	2001~2020	311
14	강민호	롯데 〉 삼성	2004~	303
15	박재홍	현대 〉 기아 〉 SK	1996~2012	300
16	김동주	OB	1998~2013	273
17	박석민	삼성 〉 NC	2004~	268
18	마해영	롯데 〉 삼성 〉 기아 〉 LG 〉 롯데	1995~2008	260
19	이만수	삼성	1982~1997	252
20	김기태	쌍방울 〉 삼성 〉 SK	1991~2005	249

200호 홈런

최초로 200홈런을 달성한 선수는 역시 최초 100호 홈런 주인공 이만수다. 1991년 9월 17일 해태와의 경기에서 7회 좌월솔로 홈런으로 달성하였다. 1988년을 끝으로 김봉연의 은퇴 후 통산홈런 경쟁은 이만수·김성한의 2파전이지만 엎치락뒤치락했던 이만수와 김봉연의 100호 홈런과는 달리 김성한은 이만수의 상대가 되지 못했다. 이만수가 200홈런을 칠 때 김성한은 177개로 23개나 차이가 났다.

장종훈 이전 1980년대 초중반 선수들 중 200호 홈런은 이만수, 김성한 2명이다. 김봉연은 원년부터 7년 동안 110개의 홈런을 치고 은퇴하였고, 김용철 131개, 한대화 163개, 김성래 147개, 자갈치 김민호 106개, 김형석 119개, 이순철 145개, 김동기 108개로 당시는 지금보다 경기 수가 20~30여 경기가 적었기 때문에 통산 200홈런 타자가 나오기도 그만큼 힘들었다.

2022년 9월 4일 황재균이 200개 홈런을 치면서 33명의 선수가 200홈런 클럽에 가입되어 있다. 현역 선수로는 롯데 전준우가 179개로 21개를 남겨놓고 있는데, 1~2년이면 200홈런 달성이 가능할 것으로 보인다.

200홈런을 치지 못하고 은퇴한 선수는 호쾌한 타격으로 최연소 4번 타자로 불리던 홍현우 188개, 통산타율은 0.250대이지만 여러 타격 코치들에게는 거포 기대주로 18년 선수생활을 한 이성열은 190개, 야구천재로 불리며 일본에 가기 전 1997년 홈런 30개를 쳤던 이종범은 194개로 끝났다.

홈런타자보다는 교타자로 불리던 장성호는 221개, 일발장타가 있지만 신인 시절부터 10년 동안 잠실구장을 홈으로 쓰던 김동수는 202개,

이대호와 맞먹는 체구의 최준석은 201개, 신인 최초 20-20에 가입했지만 홈런보다는 중장거리였던 김재현은 201개, 두산 유니폼을 입고 14년 동안 잠실구장이 홈구장이었던 홍성흔은 통산 208개의 홈런을 치며 200 홈런은 달성하고 은퇴한 선수들이다.

200호 홈런 선착순

	이름	팀	달성연도		이름	팀	달성연도
1	이만수	삼성	1991	18	김태균	한화	2012
2	김성한	해태	1995	19	이범호	기아	2013
3	장종훈	빙그레	1996	20	홍성흔	두산	2014
4	김기태	쌍방울	1999	21	박병호	넥센	2015
5	양준혁	LG	2001	22	최형우	삼성	2015
6	이승엽	삼성	2001	23	최정	SK	2016
7	심정수	현대	2003	24	강민호	롯데	2017
8	마해영	삼성	2003	25	박석민	NC	2017
9	박경완	SK	2003	26	박용택	LG	2018
10	박재홍	기아	2004	27	최준석	NC	2018
11	송지만	현대	2005	28	나지완	기아	2019
12	김동주	두산	2008	29	김현수	LG	2021
13	김동수	현대	2008	30	나성범	NC	2021
14	이호준	SK	2009	31	양의지	NC	2021
15	김재현	SK	2010	32	김재환	두산	2021
16	이대호	롯데	2011	33	황재균	KT	2022
17	장성호	한화	2011				

300호 홈런

개인 통산 300개 홈런이 얼마나 힘들고 대단한 기록인지는 계산풀이로 쉽게 이해할 수 있다. 통산 300개의 홈런을 치려면 한 선수가 시즌마다 20개의 홈런을 15년 쳐야 나오는 기록이다. 지금보다 경기 수는 적지만 프로야구 출범 후 10년 동안 시즌 평균 20개 홈런을 계속 칠 수 있는 타자는 이만수밖에 없었다. 그러나 이만수도 1991년까지 10년 동안 200개 홈런을 치고 1992년만 22개의 홈런을 쳤을 뿐 그 다음부터는 나이가 들어 한 시즌 20개 안팎의 홈런행진을 이어가지 못했다.

300홈런의 주인공들은 2000년이 지나고야 나오기 시작했다. 300홈런 첫 역사의 주인공은 장종훈이다. 2000년 10월 6일 달성했고, 2번째 주인공은 이승엽이 일본으로 가기 전 2003년 6월 22일 SK 조웅천으로부터 300개 홈런을 치고 일본으로 갔다. 특히 이승엽의 300호 홈런은 9회말 4:4 동점에서 터진 끝내기 만루홈런이라서 의미가 더욱 깊었다. 세 번째 주인공은 양준혁과 심정수이 경쟁하는 와중에 2006년 양준혁이 먼저 달성하였다.

마해영, 김동주는 300홈런을 치지 못하고 은퇴하였다. 특히 마해영은 홈런왕에 욕심이 있었다. 2001년 삼성으로 트레이드되었을 때 대구구장이 홈구장이라서 홈런왕을 노린다고 했고, 2002년 한국시리즈 끝내기 홈런을 친 마해영이 TV에 나와 2001년 한국시리즈 6차전 9회말 5:6 1점차 뒤진 투아웃 마지막 타석에 들어서 진필중에게 삼진을 당하는 자신의 장면이 나오자 저때 분위기 반전을 위해 한 방 노렸다고 하였다.

300홈런에 턱걸이하고 은퇴한 선수는 호타준족의 대명사 박재홍이다. 자신의 선수생활 마지막 시즌 2012년 10월 3일 LG경기에서 주키치로부터 홈런을 쳤다. 1996년 입단 첫해부터 홈런 30개를 쳤던 박재홍은 계속 30개씩 홈런을 쳤다면 10년 만에 300홈런이다. 그러나 시즌 20개 이상 홈런은 2000년까지다. 그 후 12년 동안 시즌 20개 홈런을 치지 못했다.

300호 홈런 선착순

	이름	팀	연도		이름	팀	연도
1	장종훈	한화	2000	9	이범호	기아	2017
2	이승엽	삼성	2003	10	김태균	한화	2018
3	양준혁	삼성	2006	11	최정	SK	2018
4	심정수	삼성	2007	12	이대호	롯데	2019
5	박경완	SK	2010	13	최형우	기아	2019
6	송지만	현대	2010	14	박병호	키움	2020
7	박재홍	SK	2012	15	강민호	삼성	2022
8	이호준	NC	2015				

타격의 달인들과
통산 타율

타격의 달인이라고 하면 타율이 높은 선수를 말한다. 타자를 평가하는 가장 객관적인 수치가 타율이다. 타율이 높은 타격왕으로는 1980년대 장효조, 1990년대 양준혁, 그 후 이대호, 이병규, 김현수가 있다. 그리고 2017년에 입단한 이종범의 아들 이정후가 있다.

　타격왕을 5번 차지한 선수는 없었다. 타격왕을 3번 이상 수상한 선수는 장효조 4번, 양준혁 4번, 이대호 3번이다. 타격에 뛰어난 선수들에게 장효조 '타격의 달인', 양준혁 '방망이를 거꾸로 들고 쳐도 3할이다.', 이병규 '배드볼히터', 김현수에게는 '타격머신'이라는 별명이 붙여졌다.

　프로에 입단해서 첫해부터 주전이 되며 3할을 계속 유지한 선수는 장효조, 양준혁, 이정후다. 바로 3할을 치는 고졸 신인 3할 타자는 김태균과 이정후 외에는 찾기 어려운데, 김태균은 첫해 규정타석이 되지 않고, 이정후는 2017년 첫해 0.324의 타율로 13위를 하며 6년 동안 수위타자 2번에 3,000타석 이상 타자들 중 통산 타율 1위를 기록하고 있다.

　양준혁은 '방망이를 거꾸로 들고쳐도 3할을 친다.'는 별명 외에 1993년 입단 후 몇 년 동안은 괴물타자라고도 불렸다. 양준혁은 정확성, 장타력, 선구안 3가지 모두 갖춘 타자로 그의 타격왕 비결은 선구안이 중요한 역할을 하였다. 나쁜 볼을 건드리지 않고 잘 골라내는데, 4구 통산 1,278개의 1위 기록이 이를 잘 말해준다. 그리고 전력질주도 양준혁의 타율에 한몫을 했다. 내야땅볼을 치고 1루에 전력으로 질주하여 헤드퍼스트 슬라이딩을 하는 양준혁을 종종 볼 수 있었다. 양준혁 자신이 낸 책에도 내야안타를 빼면 통산 0.295인데, 이런 전력질주의 내야안타로 2푼이 더해져 통산 타율이 0.316이 되었다고 한다.

장효조는 '타격의 달인' 외에 '부챗살 타법'으로 불렸다. 타구의 방향이 좌측, 우측 골고루 나와서다. 타격의 방향을 좌우로 자유롭게 칠 수 있는 타자인 장효조 역시 타격 1위의 비결 중 하나는 선구안이다. 프로 최초 500개의 볼넷 달성자다. 장효조는 또 '장효조가 치지 않으면 볼이다.'라는 말을 유행시킬 정도로 좀처럼 삼진을 당하지 않는 타자인데, 안타 수가 똑같은 김성래와 비교하면 잘 드러난다. 장효조와 김성래는 프로 통산 1,008안타로 같다. 김성래는 3,633타수에 620개의 삼진으로 5.8타수 당 1개의 삼진인 반면 장효조는 3,050타수에 289개의 삼진으로 10.5타수 당 한 개의 삼진이다.

1991년, 1992년 타격왕을 2번 차지한 이정훈도 타격의 달인이라는 말을 붙일 만한 선수다. 문제는 장효조, 양준혁만큼 오래가지 못했다. 신인 때 0.335의 타율로 타격 3위를 차지한 이정훈은 전성기가 6년으로 장효조, 양준혁에 비해 짧다. 통산 11년 프로생활에서 전성기 6년과 나머지 5년의 차이가 너무 나다 보니 타격의 달인에서 이정훈의 이름이 묻힌 점이 있다. 선동열이 가장 신경 쓰이는 타자라고 밝힌 선수가 이정훈이다. 그 이유는 이정훈은 특정 공을 노리고 강하게 스윙하기 때문이라고 했다. 헤드퍼스트 슬라이딩을 자주 하고 악바리로도 불리며 훈련을 너무 열심히 하다 보니 부상이 생겨 7년째부터 성적이 부진했고, 1,000안타를 치지 못하고 1997년을 끝으로 은퇴하였다.

2005년, 2013년 2번 타격왕을 차지한 이병규는 갖다 맞히는 재주가 최고라는 말을 듣던 선수였다. 초창기 선구안이 좋지 못해 나쁜 볼에 배트가 잘 나갔으나 볼을 안타로 만드는 기가 막힌 재주를 갖고 있어 '배드볼히터'라고 불렸다. 양준혁, 김기태와 비교하면 볼넷이 많이 적지만 안타로 만회한다. 김성근 감독이 우리나라에서 유일하게 볼을 안타로 쳐낼 수 있는 능력을 가진 선수라고 높이 평가하였다. 그러나 최고 타자가 2급, 3급 투수에게 안타를 치고 좋아한다며 김성근 감독에게 혼이 나기도 했다.

　　이대호는 130kg의 몸무게로 힘이 좋지만 덩치에 비해 유연성도 좋고, 정교함도 갖춘 선수다. 이대호는 체중이동으로 가속도가 붙은 후 강한 허리 회전으로 스윙을 한다. 이런 점 때문에 2번의 홈런왕과 3번의 수위타자가 되었다. 이런 이대호에게 따라붙는 별명은 '조선의 4번 타자'다.

　　타격머신 김현수는 고교시절 타격은 뛰어나나 발이 느리고 어깨가 약해 프로 지명을 받지 못했으나 신고 선수로 입단하여 3년째인 2008년 0.357의 타율을 치며 자신을 알렸다. 메이저리그 볼티모어에서는 배트 스피드가 느리다는 이야기를 들었으나, 메이저리그 진출 전 국내에서는 빠른 배트 스피드를 가졌다는 소리를 들었고, 좋은 선구안과 정교한 타격기술의 선수로 통한다.

　　통산 타율 1위 자리는 오랫동안 장효조가 지켜왔다. 장효조의 통산 0.330의 타율은 도저히 깰 수 없을 것 같았다. 그러나 이정후가 2017년 입단하면서 첫 시즌 0.324의 타율로 사상 첫 고졸신인 3할 타자가 되더니 5년 동안 해마다 장효조의 통산타율 0.330을 훨씬 뛰어넘는 타율을 기록했다. 2022년 3,000타석 넘게 들어서며 장효조의 기록을 1푼 넘게 훌쩍 넘었다. 2022년 시즌까지 통산 0.342의 타율로 통산 타율 1위다.

통산 타율 순위 (3,000타석 이상)

	이름	타율	팀	선수시절	타석
1	이정후	0.342	넥센	2017~	3,560
2	장효조	0.330	삼성 〉 롯데	1983~1992	3,632
3	박건우	0.327	두산 〉 NC	2009~	3,985
4	손아섭	0.321	롯데 〉 NC	2007~	7,912
5	김태균	0.320	한화	2001~2020	8,225
6	박민우	0.320	NC	2012~	4,304
7	양준혁	0.316	삼성 〉 해태 〉 LG 〉 삼성	1993~2010	8,807
8	김현수	0.316	두산 〉 LG	2006~	7,963
9	나성범	0.313	NC 〉 기아	2012~	5,412
10	데이비스	0.313	한화	1999~2002 2004~2006	3,552
11	구자욱	0.313	삼성	2012~	4,224
12	최형우	0.312	삼성 〉 기아	2002~	8,227
13	이병규	0.311	LG	1997~2016	7.247
14	이대호	0.309	롯데	2001~2022	8,128
15	김동주	0.309	두산	1998~2013	6.592
16	박용택	0.308	LG	2002~2020	9,138
17	양의지	0.307	두산 〉 NC	2006~	5,871
18	이명기	0.307	SK 〉 기아 〉 NC	2006~	4,033
19	이진영	0.305	쌍방울 〉 LG 〉 KT	1999~2018	7,880
20	고종욱	0.303	넥센 〉 SK 〉 기아	2011~	3,052

타점 기계들과
통산 타점

타점을 올리기 위해서는 루상에 주자가 나가 있어야 하므로 타점은 클린업 트리오의 몫이라고 해도 크게 지나친 말은 아니다. 1번 타자가 타점왕이 되기는 어렵다. 하위타순이 살아나가는 것은 상위타순에 비해 적기 때문이다.

　　　타점 때문에 많이 등장하는 단어는 '공갈포'다. 아무리 안타를 많이 치고, 타율이 좋아도 루상에 주자가 있는 중요한 순간에 타점을 올려줘야 하는데, 그렇지 못해 찬스에 약하다, 영양가가 없다는 소리를 들었던 강타자들이 몇 명 있었다. 2루 이상 주자가 있을 때만 따로 계산한 타율을 득점권 타율이라고 하는데 강타자로 이름을 날리던 어느 선수도 득점권 타율이 많이 떨어져 '공갈포'라고 네티즌들의 입에 많이 오르내렸다.

　　　점수를 낼 기회가 생겼을 때 안타를 치는 것을 클러치히터라고 한다. 해결사라고도 부르는데 최고의 해결사는 한대화의 해태, LG 시절을 이야기한다. 한대화는 프로 입단 전인 1982년 세계야구선수권대회에서 8회 역전 3점 홈런으로 이미 해결사 이미지가 있었는데 해태와 LG 시절 꼭 쳐야 할 타석에서 타점을 올리곤 했다.

　　　안경현도 해결사 이미지를 심어주었다. 중요할 때 여러 번 홈런을 쳤다. 특히 2000년 두산 LG 플레이오프 6차전 9회 초 4:3으로 이기고 있던 LG는 아웃카운트 하나를 남겨놓고 마무리 장문석에게 자신감을 심어주기 위해 마운드에 올렸으나 안경현에게 동점 홈런을 맞고, 연장 11회 초 심정수에게 홈런을 내줘 패한 것은 아직도 레전드로 내려오고 있다.

안타에 비해 타점이 높은 대표적인 선수 5명은 박병호, 김재환, 한유섬, 심정수, 오재일이다. 박병호는 1,312안타 1,054타점, 김재환 1,119안타 794타점, 한유섬 764안타 542타점, 심정수 1,451안타 1,029타점, 오재일 1,093안타 774타점이다.

박병호는 10안타를 치면 8개 타점이 생기고, 나머지 김재환, 한유섬, 심정수, 오재일은 10안타를 치면 7타점이 생기는 선수들이다. 타격머신 김현수가 있듯이 타점머신, 타점기계라는 별명이 붙여져야 할 선수들이다.

이대형을 비롯해서 이용규, 전준호, 정수근, 최태원 같은 1번 타자들은 하위타순의 출루율이 낮은 편이라 타점 올릴 기회가 적어 안타 대비 타점 비율이 30% 이하다.

홈런왕과 타점왕이 많이 일치하는데 타점왕 수상자는 이만수 4번, 장종훈 3번, 이승엽 4번, 박병호 4번인데, 홈런타자들이 타점왕도 단골이었다. 1980년대 타점 하면 홈런왕 이만수다. 1983년에서 1985년 홈런왕 타점왕 동시 수상에 1987년은 부상으로 85경기에 나와서 홈런왕은 못했지만 타점왕을 차지하였다.

안타 수에 비해 타점이 많은 또 다른 선수는 롯데 임수혁이다. 통산 345개 안타를 쳤는데 257타점이다. 안타 대비 타점이 75%에 가깝다. 1995년에는 300타석에서 타율이 0.247이다. 그러나 67안타를 치고 타점은 68타점이다.

한 시즌 최고타점은 2015년 박병호의 146타점으로 144경기보다 많아 1경기마다 평균 1타점을 기록했다. 이승엽은 56호 아시아 홈런 신기록을 세울 때 2003년 144타점을 기록했다. 한 가지 더 재미있는 기록은 그 해 144안타로 안타와 타점 숫자가 똑같다.

한 시즌 100타점은 대단한 기록이다. 그러나 1980년대는 100타점 선수가 한 명도 나오지 않았다. 특히 1982년은 100안타 달성 선수가 백인천 1명인 시절로 격세지감을 느끼게 한다.

1980년대까지만 해도 한 시즌 최고타점은 1988년 김성한의 89타점이고, 최초 100타점을 돌파한 선수는 1991년 장종훈이다. 114타점을 기록했고, 다음 연도에는 40홈런 시대를 여는 것과 동시에 119타점을 기록하여 이 기록은 1999년 이승엽이 50홈런 시대를 열면서 123타점을 기록할 때까지 한 시즌 최고타점 기록이었다.

1995년 이후부터는 타점 타이틀 선수라면 100타점이 넘기고 있다. 경기수가 늘어나고 안타수가 많아지니까 100타점이 예전보다는 일반적이 되었다.

통산타점은 1위 1,498타점의 이승엽에 이어 2위 최형우 1,454타점, 3위 이대호 1,417타점이다. 통산 홈런 1위 이승엽은 467개의 홈런을 쳐서 최소 467개의 타점은 보장되어 있었다.

1,000안타만 쳐도 대단하게 여기던 시절이 있었는데 1,000타점 달성 선수는 21명이다. 1,000타점 1호는 장종훈이다. 2001년 한국프로야구 탄생 20년 만에 1,000타점 주인공이 탄생했다.

마해영은 선수생활 마지막 5년 정도 남았을 때 경기출장을 잘 못하고 저니맨이 되어 마음고생을 하였지만 1,003타점으로 1,000타점은 돌파하였다. 이병규, 이진영, 정성훈은 2,000안타를 돌파했지만, 아깝게 1,000타점은 달성하지 못하고 은퇴하였다. 이병규 972타점, 이진영 979타점, 정성훈 997타점이다. 박경완은 995타점으로 1,000타점에 5타점이 부족하다.

통산 타점 순위 (*비율은 안타 대비 타점비율)

	이름	최종팀	연도	타점	안타	비율(%)
1	이승엽	삼성	1995~2017	1,498	2,156	69
2	최형우	기아	2002~	1,461	2,193	67
3	이대호	롯데	2001~2022	1,425	2,199	65
4	양준혁	삼성	1993~2010	1,389	2,318	60
5	최정	SSG	2005~	1,367	1,993	69
6	김태균	한화	2001~2020	1,358	2,209	61
7	김현수	LG	2006~	1,276	2,093	61
8	이호준	NC	1994~2017	1,265	1,880	67
9	박용택	LG	2002~2020	1,192	2,504	48
10	장종훈	한화	1986~2005	1,145	1,771	65
11	이범호	기아	2000~2019	1,127	1,727	65
12	홍성흔	두산	1999~2016	1,120	2,046	55
13	김동주	두산	1988~2013	1,097	1,710	64
14	강민호	삼성	2004~	1,088	1,863	58
15	박재홍	SK	1996~2012	1,081	1,732	62
16	박병호	KT	2005~	1,054	1,312	80
17	장성호	KT	1996~2015	1,043	2,100	50
18	박석민	NC	2004~	1,033	1,520	68
19	송지만	넥센	1996~2013	1,030	1,870	55
20	심정수	삼성	1994~2008	1,029	1,451	71

안타 제조기와
통산 안타

기자들이 안타 제조기라는 말을 많이 붙여준 선수는 1980년대 장효조, 1990년대 이병규, 2000년대 박한이, 2010년대 손아섭, 2020년대 이정후 선수다. 이병규는 일본 진출 첫해 2007년 4월 6일 3안타를 치자 '안타 제조기 첫 맹타'라는 제목의 기사가 일본 신문에 났다. 이병규 하면 3할 타율에 볼넷이 적고 안타가 많은 선수였다. 이병규는 한국프로야구에서 17시즌을 뛰면서 150안타가 7시즌이다.

　　박용택은 통산 최다안타 선수이기 때문에 당연히 안타 제조기라는 별명이 붙어야 한다. 박용택의 통산 안타는 2,504개다. 박용택은 2002년 입단해서 신인 시절부터 6년 연속 세 자리 수 안타를 쳤다. 그러나 통산 최다안타 기록 보유 선수가 될 수 있었던 것은 나이 30세가 넘어 2009년 수위타자가 되면서부터다. 이때부터 그전까지 한 번도 없었던 150안타를 은퇴할 때까지 무려 8번 쳤고, 2012년부터 2018년까지 7년 연속 150안타를 기록했다.

　　통산 2위는 양준혁이다. 신인시절 130개 안타로 시작하여 박한이와 함께 시즌 연속 100안타 최고기록 16번을 기록했던 양준혁은 통산안타가 2,318개로 2005년 장종훈을 따라잡고, 2018년 박용택이 따라

잡을 때까지 13년 동안 통산 최다안타 1위 자리를 지켰다.

3위는 손아섭이다. 2007년 입단하여 2010년 129안타를 시작으로 붙박이 주전이 된 손아섭은 2,229개의 안타로 1위 박용택과는 275개 차이가 난다. 2016년부터 7년 연속 시즌 150개 이상의 안타를 치고 있어 박용택의 기록은 2년 정도면 경신할 가능성이 보인다.

첫해 통산 최다안타 1위는 백인천이지만, 김성한은 1983년부터 시작하여 1995년 은퇴하였으나, 1999년까지 1위를 지켰다. 통산안타 1위 자리는 장종훈이 2000년부터 2004년, 양준혁이 2005년부터 2017년까지이지만 김성한, 장종훈, 양준혁에게 안타 제조기라고 부르는 경우는 찾기 힘들다. 타율이나 최다안타, 통산안타를 계산할 때 안타는 일반적으로 말하는 1루타 외에 2루타, 3루타, 홈런까지 포함하지만 김성한, 장종훈, 양준혁은 장거리 타자라서 그렇다.

1990년부터 시즌 안타를 가장 많이 친 선수에게는 최다안타 공식 타이틀이 주어졌다. 안타왕 타이틀은 별명답게 '배드 볼 히트', 즉 나쁜 공을 안타로 친다는 이병규가 4번, 손아섭이 3번 수상하였다. 양준혁, 이대호, 김현수, 전준우, 페르난데스는 2번 수상하였다.

한국프로야구에서 한 시즌 개인 200안타는 2014년 넥센 서건창 선수가 1번 기록했다. 2014 시즌은 128경기였고, 이종범은 1994년 126경기에서 196안타를 기록했다. 1997년 입단한 이병규는 항상 200안타에 도전하는 선수였고, 2000년 전후로 200안타에 도전한다는 인터뷰도 종종했다. 1999년에는 이병규의 200안타 도전을 격려하기 위해 이병규가 일주일 동안 칠 안타수를 맞히는 이벤트 행사가 인터넷에서 벌어지기도 했다. 그러나 192안타에서 끝났다.

이병규는 자신이 통산 3,000안타를 목표로 하였고, 충분히 가능성 있는 선수였지만 젊은 선수기용이 확실한 양상문 감독을 만나고

2014년부터 경기 출장이 줄어들더니 2016년에는 출장기회를 주지 않아 나오지 못하고 그해 1타수 1안타만 기록하고 은퇴하였다. 일본에서 돌아온 후 2010년대 초반 전성기의 기량을 유지하며 자신은 '스스로 왜 나가냐? 나는 끝까지 버틸 것이다. 왜 스스로 그만두느냐?'고 하였지만 어쩔 수 없는 일이었다.

  1997년에는 프로 3년차 이승엽이 170안타로 안타왕이 되었다. 1997년은 이승엽이 32개의 홈런으로 MVP를 차지하며 앞으로 홈런신드롬을 일으킬 것을 예고한 첫해다. 이 시절까지만 해도 이승엽은 인터뷰에서 자신이 노리는 것은 홈런왕이 아니라 최다 안타왕이라고 하였다. 홈런은 안타를 칠 때 타이밍만 잘 맞으면 된다고 하였다. 이승엽의 시즌 개인 최다안타는 1997년 170안타가 끝이었다. 홈런왕이 되자 투수들의 견제가 심해 1997년까지 50개가 안 되던 볼넷이 1998년부터 일본가기 전까지 70개에서 110개까지 늘어났기 때문이다.

통산안타 순위

	이름	팀	연도	통산안타
1	박용택	LG	2002~2020	2,504
2	양준혁	삼성	1993~2010	2,318
3	손아섭	롯데 〉 NC	2002~2020	2,229
4	김태균	한화	2001~2020	2,209
5	이대호	롯데	2001~2022	2,199
6	최형우	기아 〉 삼성	2002~	2,193
7	박한이	삼성	2001~2019	2,174
8	정성훈	해태 〉 현대 〉 LG 〉 기아	1999~2018	2,159
9	이승엽	삼성	1995~2017	2,156
10	이진영	쌍방울 〉 LG 〉 KT	1999~2018	2,125
11	장성호	해태 〉 한화 〉 롯데 〉 KT	1996~2015	2,100
12	김현수	두산 〉 LG	2006~	2,093
13	홍성흔	두산 〉 롯데 〉 두산	1999~2016	2,046
14	이병규	LG	1997~2016	2,043
15	이용규	LG 〉 기아 〉 한화 〉 키움	2004~	2,040
16	전준호	롯데 〉 현대	1991~2009	2,018
17	최정	SK	2005~	1,993
18	황재균	현대 〉 롯데 〉 KT	2006~	1,912
19	김주찬	삼성 〉 롯데 〉 기아	2000~2020	1,887
20	이호준	해태 〉 SK 〉 NC	1996~2017	1,880

출루왕과
출루율의 비밀

40년 한국프로야구 역사에서 최고의 출루타자는 역시 장효조다. 장효조는 6번 출루왕을 차지하였다. 삼성에서 1983년부터 1987년까지 5년 연속 출루왕이었고, 롯데로 이적 후 트레이드 충격으로 1989년과 1990년은 주춤하는 듯했으나 1991년 이정훈과 타격왕 경쟁을 벌이며 타율은 아깝게 2위가 되었지만 이정훈보다 타석이 적은데도 볼넷이 70개가 되어 43개 볼넷의 이정훈을 압도하며 출루율은 앞섰다.

장효조 다음은 김태균이 4번, 양준혁이 3번 출루왕을 차지하였다. 김태균은 통산 311개의 홈런으로 장타력과 선구안을 동시에 갖춘 타자로 평가받은 선수다.

출루율은 안타 제조기나 선구안이 좋은 경우도 유리하지만, 상대투수들이 겁을 먹고 4구를 남발하여 출루왕이 되는 경우도 있었다. 1999년은 타격 1위 0.372의 마해영이 타율 2위 0.349의 이병규를 압도적으로 제치고 타격왕을 차지했지만, 삼진이 100개가 넘는 이승엽이 마해영을 제치고 출루왕이 되었다.

이승엽이 54개의 홈런으로 아시아 홈런 타이기록에 1개 차이로 탈락했던 해다. 이승엽은 홈런으로 상대 투수의 집중견제를 받았고, 볼넷이

112개로 가장 많아 출루율 0.458을 기록하면서 출루왕이 되었다. 마해영은 이승엽 홈런신드롬의 영향으로 0.442의 출루율로 2위를 차지했다.

2001년 호세의 출루율 0.503은 한국프로야구 한 시즌 개인 최고의 출루율이다. 499타석에 들어서서 안타 123개, 볼넷 127개, 사구 1개다. 개인 한 시즌 볼넷 100개 이상이 41년 동안 20번이었는데 100개 넘는 볼넷이 안타보다 더 많은 것은 나오기 힘든 기록이다. 이것을 보면 그 당시 롯데를 상대하는 투수들에게 호세가 얼마나 공포의 대상이었는지 짐작하게 한다.

호세에 이어 시즌 개인 최고 출루율은 2015년 테임즈의 0.498과 원년 백인천의 0.497이다. 백인천의 0.497은 2001년 호세의 0.503이 나올 때까지 시즌 최고 출루율이었다. 298타석에 나와 103개의 안타와 볼넷 42개, 사구 3개다. 특히 원년 백인천의 출루율은 4사구보다는 안타로 만든 출루율이라서 다른 출루율 기록보다 높이 평가할 만하다.

2003년은 이승엽이 아시아홈런 신기록을 세운 해다. 1999년처럼 출루율은 홈런 때문에 투수들의 견제를 많이 받은 이승엽일 것 같지만 이승엽의 홈런을 쫓아 53개의 홈런을 때린 현대 심정수가 출루왕이 되었다. 심정수의 출루율은 0.478이고 볼넷은 124개다.

출루랭킹에 의외의 선수라고 볼 수 있는 박석민이 발견된다. 박석민도 규정타석 3할을 7번 친 강타자가 맞다. 하지만 공격 분야에서 더 우수한 선수들이 많아 보통은 3,000타석을 기준으로 통산 10위에 들어갈 선수로 생각하지 않는데 통산 출루율이 0.403다. 이유는 209개로 사구가 많아서다. 통산 사구 313개의 최정은 통산 출루율이 0.391로 박석민은 최정보다 출루율이 1푼 많다.

2할대 타율에도 출루왕을 한 적이 있다. 1989년 한대화다. 1989년은 역대 최저 타율 수위타자가 나온 해이지만, 한대화의 타율은 0.279

로 20위다. 그러나 0.409의 출루율로 출루왕이 될 수 있었던 것은 볼넷 덕분이다. 볼넷은 김성한에 이어 2위를 했고, 김성한보다 56타석 적게 들어서서 간발의 차이로 김성한을 제치고 출루왕을 차지할 수 있었다. 타격 1위 고원부는 0.405의 출루율로 출루율 4위, 타격 2위 강기웅은 0.351의 출루율로 출루율에서는 18위까지 떨어졌다. 강기웅은 4사구가 20개에 불과했기 때문이다.

 1989년의 한대화 외에 갓 3할을 넘기고 출루왕을 차지한 경우는 1992년 김기태, 2006년 양준혁, 2020년 박석민이 있다. 1992년 김기태는 0.302의 타율이지만 114개의 볼넷으로 출루율이 0.461이 되면서 2위 장종훈을 월등히 앞섰다. 2006년 0.303의 양준혁 역시 103개의 볼넷으로 2위 김재현과 꽤 차이가 났다. 그해 수위타자 이대호는 볼넷이 39개였다. 2020년 0.306 박석민은 수위타자 최형우보다 152타석이 적었고, 볼넷과 사구에서 조금 더 많아 최형우를 근소한 차이로 제쳤다.

통산 출루율 (3,000타석 이상)

	이름	팀	연도	통산출루율	최고출루율
1	장효조	삼성	1983~1992	0.427	1983년 0.469
2	양준혁	삼성	1993~2010	0.421	2009년 0.464
3	김태균	한화	2001~2020	0.421	2016년 0.476
4	이정후	키움	2017~	0.407	2021년 0.438
5	김기태	쌍방울	1991~2005	0.407	1992년 0.461
6	김동주	두산	1998~2013	0.405	2007년 0.457
7	박석민	삼성	2004~	0.403	2015년 0.441
8	최형우	삼성	2002~	0.402	2016년 0.464
9	김재현	LG	1994~2010	0.402	2005년 0.445
10	김현수	두산	2006~	0.399	2008년 0.454
11	박민우	NC	2012~	0.397	2017년 0.441
12	손아섭	롯데	2007~	0.396	2014년 0.456
13	장성호	기아	1996~2015	0.394	2002년 0.445
14	최정	SK	2005~	0.390	2013년 0.429
15	박건우	두산	2009~	0.390	2017년 0.424
16	양의지	두산	2006~	0.389	2019년 0.438
17	이승엽	삼성	1995~2017	0.389	1999년 0.458
18	이만수	삼성	1982~1997	0.388	1987년 0.431
19	심정수	두산	1994~2008	0.388	2003년 0.478
20	나지완	기아	2008~2022	0.387	2016년 0.451

2,000안타 쳐야
달인의 반열

프로에 입단해서 2,000안타를 치려면 20년 선수생활을 할 경우 시즌 100개, 15년 선수생활을 할 경우 시즌 133~134개의 안타를 쳐야 한다. 붙박이 주전일 경우 웬만하면 시즌 100개의 안타를 치지만 20년 동안 방출되지 않고, 프로에 남을 선수가 몇 명이나 될까 의문이 간다. 15년 동안 평균 133개의 안타를 치는 것은 웬만한 달인이 아니고서는 힘들다.

한국프로야구에서 개인 통산 2,000안타는 16명의 선수가 달성하였다. 프로야구가 출범하고 2,000안타의 주인공이 나오기까지 26년이 걸렸다. 최초 달성자 양준혁은 2007년 6월 9일 잠실구장 두산 경기에서 달성하였다. 이날 인터뷰에서 3~4년 뒤에 2,500안타를 친 후 3,000안타에 도전하고 싶다고 했지만 2009년 규정타석 미달이었고, 2010년 시즌 중 은퇴하였다.

목표를 가지고 있어도 감독이 경기에 출장시키지 않으면 할 수 없다. SK김성근 감독이 양준혁이 SK로 오면 경기에 출전시켜 주겠다고 했으나 양준혁은 영원한 삼성맨과 SK행을 고민하다가 삼성에서 은퇴하였다. 만일 SK에 갔다면 2,500안타 기록은 웬만하면 돌파했을 테고, 3,000안타까지는 미지수다.

2,000안타 달성은 양준혁 이후에 2008년 전준호, 2012년 장성호가 달성하였다. 장성호는 2000년대 후반 잠시 주춤하였으나, 2012년 5년 만에 3자릿수 안타를 치며 어렵게 2,000안타를 기록하였다. 2010년 전까지는 2,000안타 달성자가 양준혁, 전준호 2명뿐이었다.

　2,000안타 선착순 기록은 양준혁, 전준호, 장성호, 이병규, 그리고 다음이 홍성흔인데, 5번째 홍성흔이 우타자로는 처음 2,000안타를 달성했다.

　3,000안타는 아직 나오지 않았지만 나이, 기량 등으로 가능성이 있는 선수는 손아섭이다. 만일 통산 안타 2,156개의 이승엽이 해외진출 8년 동안 한국에 있었다면 3,000안타가 가능했을 것이다. 이승엽의 실력이면 한 시즌 최소 120개 안타를 칠 수 있으니까 120개 곱하기 8년이면 960개다. 그러면 3,116개의 안타가 계산된다.

　통산 2,043개의 안타를 치고 은퇴한 LG 이병규도 일본 공백 3년과 양상문 감독 특유의 확실한 젊은 선수 육성의 세대교체 없이 꾸준히 출장시켜 줬다면 3,000안타는 충분히 돌파했을 선수였다.

　2,000안타에 최정은 7개, 황재균은 88개를 남겨놓고 있다. 부상, 슬럼프, 코칭스텝과의 관계로 문제가 생기지 않는다면 한국프로야구 2,000안타 보유자가 18명으로 늘어날 것으로 예상된다.

2,000안타 선착순

	이름	팀	달성연도		이름	팀	달성연도
1	양준혁	삼성	2007	9	박한이	삼성	2016
2	전준호	우리	2008	10	이진영	KT	2017
3	장성호	한화	2012	11	김태균	한화	2018
4	이병규	LG	2014	12	최형우	기아	2021
5	홍성흔	두산	2015	13	손아섭	롯데	2021
6	박용택	LG	2016	14	이대호	롯데	2021
7	정성훈	LG	2016	15	이용규	키움	2022
8	이승엽	삼성	2016	16	김현수	LG	2022

장타력이
야구의 재미 더해준다

김응용 감독은 왼손타자를 좋아하는 것으로 유명하다. 거기에다 덩치 크고 장타력 있는 선수를 좋아한다. 덩치 작고 1루타만 치는 선수는 별로 좋아하지 않는다. 김응용과 비슷한 팬들도 많다. 좋은 경우는 아니지만 덩치 작은 선수가 주전으로 나오면 '저 조그마한 몸이 뭘 한다고.' 하며 무시하는 팬들도 있다.

야구에서 긴장감을 주려면 2루타 이상을 칠 때다. 1루타로 1루에 나가는 것은 투수나 관중, 중계방송 시청자 모두 크게 위기의식을 느끼지 못한다. 1점차로 뒤지고 있는 8회 원아웃에서 루상에 주자가 없을 때 1루타를 치는 경우와 2루타를 치는 경우는 분위기가 달라진다. 2루타를 치면 공격 팀을 응원하는 팬은 곧 동점을 만들 것 같은 기대로, 또 수비하는 팀을 응원하는 팬은 위기의식을 느끼고 점수를 주지 않을까 하는 긴장감에 사로잡혀 야구 관람에 더 집중하게 된다.

장거리 타자를 나타내는 수치는 장타율이다. 장타율 계산방법은 안타를 친 개수에 1루타는 1, 2루타는 2, 3루타는 3, 홈런은 4를 곱해서 더한 값에 타수를 나누므로 보통 홈런왕이 장타율 왕이 될 확률이 높다. 통산 홈런 1위 이승엽은 장타율도 통산 1위다.

그러나 홈런왕이라고 반드시 장타율 상위에 랭크되는 것은 아니다. 통산 홈런왕 3회 김성한은 장타율 0.471, 2회 김봉연은 0.478로 장타율은 5할이 되지 않는다. 홈런왕 3회 장종훈은 장타율이 0.504로 5할을 가까스로 넘는다. 1995년 홈런왕 김상호는 25개의 홈런으로 홈런왕이 되었지만, 2루타 23개와 3루타 2개로 장타율에서는 5할이 되지 않는 0.474로 7위를 하였다.

NC, 기아 나성범은 홈런왕이 된 적이 한 번도 없지만, 통산 장타율 3위다. 10년 동안 통산 2루타가 310개로 시즌 평균 2루타가 31개다. 장타율 통산 5위 심정수는 이승엽의 일본 진출 후 홈런왕을 2007년 딱 한 번 했지만 홈런타자로 팬들에게 익숙하다. 그런데도 나성범보다 통산 장타율이 낮은 이유는 심정수의 통산 2루타가 나성범보다 적은 232개이기 때문이다. 심정수의 선수생활 16으로 나누면 한 시즌 평균 14.5개의 2루타를 때렸다. 나성범과 심정수의 한 시즌 평균 2루타 숫자는 엄청나게 차이가 난다.

한 시즌 최고 장타율은 2015년 테임즈의 0.790이다. 국내 선수로는 원년 4할대 타자 백인천의 1982년 장타율 0.740이다. 강정호는 메이저리그 가기 전 2014년 0.739의 장타율로 홈런 40개, 2루타 36개다. 1999년 이승엽의 최고 장타율 0.733보다 앞선다. 장타율 7할 이상은 40년 동안 모두 7번 있었고, 주인공은 테임즈, 백인천, 강정호, 이승엽, 박병호다.

홈런과 거리가 멀어 보이지만 고정관념을 깨고 한두 시즌 장거리 타자로 반짝한 선수는 빙그레 이정훈이다. 이정훈은 11시즌 동안 통산 66개의 홈런이다. 그러나 1991년 홈런 17개, 1992년 25개의 홈런을 때리며 1991년 0.602, 1992년 0.621의 장타율을 기록했다. 그동안 이정훈의 체격이나 경기 모습에 비추어 그가 2번이나 장타율 6할을 기록했다고 하면 믿지 않을 사람이 많을 것이다.

용병타자를 뽑을 때 대부분 홈런을 쳐줄 장거리 타자를 기대하고 뽑기 때문에 장타율이 높은 타자가 많았다. 한국에 계속 머물지 않아서 그렇지 계속 머문다면 1위 이승엽의 장타력을 뛰어넘는 선수가 몇 명 나올 것이다.

1998년 장종훈의 41개 홈런 기록을 경신했던 우즈는 3,000타석이 안 되지만 2,228타수에서 장타율이 0.574이다. 4시즌 한국에서 활약한 호세는 1,330타수에 장타율이 0.586이다. 2014년에서 2016년까지 3년 NC에서 활약한 테임즈는 장타율이 무려 0.721이다. 테임즈가 이 정도의 기록을 세운 것은 한 시즌 적을 때는 30개 많을 때는 50개에 육박하는 홈런에 2루타가 해마다 30개를 넘기 때문이다. 2014년 한 시즌 3루타가 느림보 선수들의 통산 3루타와 맞먹는 6개다. 2017년에서 2020년까지 2년 KT유니폼을 입은 로하스도 0.593의 장타율로 이승엽을 훌쩍 넘어선다.

3,000타석 이상 선수 중 이승엽의 뒤를 이어 통산 장타율 2위는 홈런왕 6번을 한 박병호다. 362개의 홈런으로 통산홈런 4위에 올라 있고, 2루타는 226개로 적은 편이나 이승엽은 17.7타석에서 홈런 1개, 박병호는 15.5타석에서 홈런 1개를 치는 선수라 장타력은 이승엽에게 0.015밖에 차이가 나지 않는다.

3위 최형우는 홈런 통산 5위, 2루타 463개로 통산 2위를 기록할 정도의 장타력을 보유해서 장타율 통산 3위에 이름이 올라 있다.

통산 장타율 순위 (3,000타석 이상)

	이름	장타율	타수	홈런	3루타	2루타	1루타	안타
1	이승엽	0.572	7,132	467	28	464	1,197	2,156
2	박병호	0.557	4,727	362	5	226	719	1,312
3	최형우	0.535	7,021	356	16	463	1,358	2,193
4	나성범	0.534	4,822	233	28	312	937	1,510
5	심정수	0.533	5,050	328	14	231	878	1,451
6	데이비스	0.533	3,130	167	6	175	631	979
7	양준혁	0.529	7,332	351	25	458	1,484	2,318
8	김재환	0.529	3,847	224	15	213	667	1,119
9	최정	0.527	6,953	429	9	363	1,192	1,993
10	이만수	0.519	4,310	252	7	193	824	1,276
11	김태균	0.516	6,900	311	8	399	1,491	2,209
12	김기태	0.515	4,975	249	27	298	891	1,465
13	이대호	0.515	7,118	374	6	331	1,488	2,199
14	김동주	0.514	5,540	273	12	293	1,132	1,710
15	한유섬	0.510	2,809	166	9	153	436	764
16	장종훈	0.504	6,292	340	25	331	1,075	1,771
17	강정호	0.504	3,070	139	10	193	574	916
18	양의지	0.503	5,035	228	10	285	1,023	1,546
19	구자욱	0.499	3,753	123	54	224	772	1,173
20	마해영	0.497	5,482	260	20	298	1,031	1,609

2루타 시즌 최고 기록은 49개

홈런은 담장을 아슬아슬하게 넘기는 장면이 있고, 1루타는 외야수 앞에 잡힐 듯 말 듯 아슬아슬하게 떨어지는 장면이 경기를 보는 관중에게 긴장감을 준다. 2루타의 재미와 긴장감은 또 다르다. 담장을 넘기지 못하는 타구를 치고 2루에 안착하는 경우도 많지만, 보통 선수라면 1루타로 끝날 타구를 전준호, 이대형 같은 선수가 자신의 빠른 발을 믿고 2루로 과감하게 돌진하여 살기 위해 슬라이딩하는 경우 발로 만든 2루타라고 한다. 보통 선수 같으면 2루에 안착할 타구를 느린 발 때문에 슬라이딩으로 가까스로 2루에서 세이프 되는 장면도 있다.

    2루타 이야기를 몇 가지 더 해보자. 홈런 한 방 노리는 것보다 팀플레이 타격을 더 중요하게 생각하는 김성근 감독은 "나는 홈런보다 좌중간으로 빠지는 2루타가 더 좋다."는 명언을 남겼다. 이만수는 프로 1호 안타로도 유명하다. 그런데 그 1호 안타가 바로 2루타다. 1982년 3월 27일 동대문야구장 삼성과 MBC 경기에서 1회 초 2사 2루에서 이길환으로부터 2루타를 쳤는데 그 2루타가 바로 지금까지 전해오는 프로 첫 안타다.

    선수 개인 기록을 보면 보통 홈런이 많으면 2루타도 많은 것으로 나왔다. 발이 빨라 번트 2루타도 있지만 2루타가 생기는 것을 단순화시키면 장거리 타자가 펜스를 넘기면 홈런, 펜스를 넘기지 못하면 2루타였다. 이승엽은 467개의 홈런으로 홈런 1위지만 2루타도 464개로 1위다. 홈런과 2루타 숫자가 비슷하다.

이승엽이 우리나라에서 15년 동안 홈런 20개 이상을 치지 못한 시즌이 신인이던 1995년과 1996년, 2013년 3시즌이지만 20개의 2루타는 한 시즌도 빠지지 않았다.

발이 느리다는 소리를 듣는 이승엽이 시즌마다 20개 넘게 2루타를 쳤다는 것은 이승엽의 타구 비거리가 평범한 선수와 비교해서 아주 멀다는 것을 보여준다. 선수 시절 이승엽의 2루타를 회상하면 발로 만든 2루타가 아니라 큼직한 타구로 2루에 안착하는 2루타가 대부분이었다.

1980년대에 최고 2루타 타자는 김용철이었다. 장타력은 있었지만 이만수, 김성한, 김봉연처럼 홈런을 많이 치는 타자는 아니었다. 김용철은 장타력을 가진 타자였지만 펜스를 넘기기는 조금 부족했다고 풀이된다. 1989년 시즌을 마쳤을 때 통산 2루타가 171개로 김성한 150개보다 21개가 더 많았다. 1992년 김용철이 은퇴한 해 통산 2루타 1위는 김성한이 되었다. 그 후 1998년까지 통산 2루타 1위는 김성한이었고 김성한을 따라잡은 선수는 예상하듯이 장종훈이다. 김성한은 통산 2루타 247개와 홈런 207개의 선수로 백스윙이 줄어든 자세, 그 유명한 '오리궁둥이 타격 자세'로 장타가 이렇게 나왔다는 건 대단한 일이다

홈런왕을 한 적은 없지만 351개의 홈런을 친 양준혁은 458개의 2루타로 이승엽보다 3개가 적다.

홈런은 별로 없어도 2루타가 많은 타자를 보통 중장거리 타자라고 한다. 박용택, 정성훈, 이병규, 박한이는 통산 2루타 10걸에 들어가는 선수들이다. 2루타가 홈런에 비해 200개 이상 많은 선수들이다. 2017년에 입단하여 6시즌을 뛴 이정후는 통산 59개 홈런에 2루타가 221개로 반올

림하면 2루타가 홈런의 4배다. 바람의 아들 이종범의 아들 이정후도 전형적인 중장거리 타자다. 2020년 역대 한 시즌 최다 2루타 49개를 기록했다. 이정후 다음으로 한 시즌 최다 2루타는 용병으로 2018년부터 2021년까지 한국에 있으면서 3년 한화 유니폼을 입은 호잉의 2018년 47개다.

홈런에 비해 2루타가 적은 선수는 심정수와 박병호다. 통산 홈런 337개의 심정수는 2루타가 232개이고, 362개 홈런의 박병호는 2루타가 226개로 2루타가 홈런보다 100개 이상 적다.

2루타의 사나이라고 불렸던 선수는 최형우와 허경민이다. 최형우는 2022년 시즌까지 463개의 2루타를 치며 최고 2루타 464개에 1개 차이까지 따라왔고, 허경민은 통산 홈런은 46개이지만 2015년부터 202년까지 8년 연속 20개 이상의 2루타 행진을 이어오며 218개의 2루타를 때렸다.

통산2루타 순위

	이름	최종팀	연도	2루타	시즌 최고 2루타
1	이승엽	삼성	1995~2017	464	2002년 42개
2	최형우	기아	2002~	463	2016년 46개
3	양준혁	삼성	1993~2010	458	2003년 37개
4	박용택	LG	2002~	441	2018년 38개
5	김태균	한화	2001~2020	399	2016년 39개
6	정성훈	기아	1999~2018	396	2007년 29개
7	장성호	KT	1996~2015	394	2003년 36개
8	김현수	LG	2006~	389	2018년 39개
8	손아섭	NC	2007~	389	2020년 43개
10	이병규	LG	1997~2016	371	1997(1998)31개
11	박한이	삼성	2001~2019	368	2003년 34개
12	이진영	KT	1999~2018	367	2013년 26개
13	최정	SSG	2005~	363	2012년 33개
14	김주찬	기아	2000~2020	361	2017년 39개
15	황재균	KT	2006~	356	2015(2018) 41개
16	이호준	NC	1994~2017	346	1998년 27개
17	이종범	기아	1993~2011	340	2003년 43개
18	전준우	롯데	2008~	339	2021년 46개
19	강민호	삼성	2004~	336	2016년 26개
20	이범호	기아	2000~2019	334	2004년 35개

3루타가 홈런보다 어렵다면 통산 기록은?

홈런보다 더 힘든 것이 어쩌면 3루타일지도 모른다. 홈런은 힘이나 기술이 좋은 조건을 갖춘 타자가 담장을 넘기면 되지만, 3루타가 되려면 공이 절묘하게 떨어지거나, 야수의 보이지 않는 실책이 작용하거나, 가장 중요한 것은 발이 따라줘야 한다.

3루타는 그라운드 안에 떨어지는 타구를 날리고 뛰어서 3루 베이스까지 도달하는 과정이기 때문에 어느 정도 수준의 힘과 기술이 있으면 담장을 넘기는 홈런보다 어쩌면 더 어려운 과정이다. 한 시즌 개인 40개 이상 홈런은 27번 있었고, 30개 이상의 홈런은 118번 있었다. 그러나 한 시즌 10개 이상 3루타는 모두 18번 있었고, 시즌 20개 3루타는 한 번도 나오지 않았다. 그만큼 3루타 나오기가 힘들다는 것을 보여준다.

그리고 3루타가 어렵다는 것을 보여주는 다른 수치를 보면 통산 홈런 최고는 467개, 통산 2루타 최고는 464개, 통산 3루타 최고는 100개다. 홈런, 2루타와 비교하면 4분의 1도 안 된다. 그만큼 3루타를 만드는 것이 어렵다는 이야기다.

3루타의 중요성은 사이클링히트를 달성할 때 나타난다. 한 경기에서 1루타, 2루타, 3루타, 홈런을 모두 치는 사이클링히트는 41년 동안

29번 나왔다. 이 사이클링히트가 어려운 것은 보통 3루타 때문에 사이클링히트가 좌절된다. 역대 사이클링히트 달성 선수를 보면 발이 느린 선수는 2016년의 최형우밖에 보이지 않는다. 이만수, 최준석, 이대호 같은 발이 아주 느리고 장타력 있는 선수도 3루타를 각자 7개, 5개, 6개를 쳤지만 사이클링히트 달성 선수에서는 이름을 찾을 수 없다.

대부분은 홈런이 3루타보다 더 많지만 3루타가 홈런보다 쉬웠던 선수들도 있다. 전준호, 정수빈, 이용규, 이대형, 정수근 같은 통산 도루 순위에 이름이 올라와 있거나 준족의 선수들이다. 전준호는 홈런은 42개지만 3루타가 100개, 이용규는 홈런 26개에 3루타는 61개, 정수빈은 홈런 30개에 3루타는 73개다. 준족들 외에 1994년에서 2000년까지 활약한 재일교포 김실은 7년 통산 홈런 9개에 3루타 23개, 강한울은 홈런 2개에 3루타 16개로 홈런보다 3루타가 쉬웠던 선수들이다.

통산 3루타와 통산 도루 기록을 보면 도루를 많이 하는 선수가 3루타도 많이 쳤다는 상관관계가 있음을 보여주었다. 전준호는 통산 도루 1위와 3루타 1위 기록을 갖고 있다. 도루 549개, 3루타 100개를 기록하였다. 73개의 3루타를 기록한 정수빈은 236개의 도루를 기록하였다. 역대 최고 똑딱이로 통하는 이대형은 도루 505개, 3루타가 38개이다. 정수근 도루 474개에 3루타 50개, 이용규 도루 390개에 3루타 61개다. 보통 선수들은 2루타로 끝날 타구를 날려놓고 빠른 발로 3루타로 만든 것도 있다.

발이 빠른 선수 중 의외로 3루타가 적은 선수도 있다. 바람의 아들, 최고의 대도 이종범은 3루타가 29개다. 발이 느리다고 하던 김기태 27개, 이승엽 28개와 비슷하다. 이종범의 도루 신드롬은 1993년부터 1997년까지인데 1996년은 149개의 안타를 치고 3루타가 1개였다. 1996년 같으면 이종범이 25개의 홈런으로 장타력도 겸비했는데 2루타 성의 타구를 치고 빠른 발로 3루 베이스도 몇 번 밟았을 것 같은 시대였다.

2,000타석이 넘으면서 3루타가 한 개도 없는 선수는 페르난데스와 장채근이다. 페르난데스 4년 동안 2,480타석에 홈런 57개, 2루타 115개지만 3루타가 없다. 장채근은 1988년 홈런 2위도 한 전형적인 장타력에 덩치 큰 포수지만 3루타가 하나도 없다.

시즌 최다 홈런이 2003년 이승엽의 56개라면 최다 3루타는 2014년 서건창의 17개다. 그 다음은 1992년 롯데 이종운의 14개다. 1992년은 롯데가 한국시리즈에서 우승한 해로 팀타율이 0.288로 압도적인 1위를 했고, 홈런은 68개로 8개 구단 중 제일 적었지만, 62개의 팀 3루타를 치며 3루타 2위 OB의 31개보다 압도적으로 많았다. 개인 3루타 기록은 이종운에 이어 2위 김응국 12개, 3위 전준호가 9개. 3루타 공식 시상은 없지만, 그해 롯데는 3루타 1위에서 3위까지 차지했다.

구자욱은 2016년 13번, 2017년 10번, 3루타 몰아치기를 했고, 2021년 10개의 3루타를 치며 시즌 두 자릿수 3루타가 유일하게 3번 나왔다. 앞으로 3루타 기록의 새로운 영역을 개척할 가능성마저 보여주고 있다.

통산 3루타 2위는 정수빈이다. 한 시즌 평균 3루타는 5개다. 나이가 이제 30대 중반으로 접어들어 만일 5년 동안 시즌마다 5개의 3루타를 쳐도 98개로 전준호의 기록을 뛰어넘기가 쉽지는 않아 보이지만, 3루타가 몰아 나올 수도 있어 전준호 100개를 경신할 수 있을지 기대해볼 만하다.

통산3루타 순위

	이름	팀	연도	3루타
1	전준호	롯데 〉현대	1991~2009	100
2	정수빈	두산	2009~	73
3	박해민	삼성 〉LG	2013~	62
3	김응국	롯데	1988~2003	62
5	이용규	LG 〉기아	2004~	61
6	오지환	LG	2009~	57
7	김주찬	삼성 〉롯데 〉기아	2000~2020	54
〃	서건창	LG 〉넥센 〉LG	2008~	54
〃	구자욱	삼성	2012~	54
10	이종욱	두산 〉NC	2003~2018	51
11	김광림	OB 〉쌍방울 〉현대 〉쌍방울	1984~1999	50
〃	정수근	OB 〉롯데	1995~2009	50
13	윤덕규	MBC 〉태평양	1985~1997	48
14	박민우	NC	2012~	47
15	김형석	OB 〉삼성	1985~1998	44
15	박용택	LG	2002~2020	44
17	황재균	현대 〉롯데 〉KT	2006~	43
18	이종열	LG	1991~2009	41
18	이정후	넥센	2017~	41
20	노찬엽	LG	1989~1997	38
20	신경식	OB 〉삼성 〉쌍방울	1982~1995	38
20	이강돈	빙그레	1986~1997	38
20	이대형	LG 〉기아 〉KT	2003~2019	38
20	이병규	LG	1997~2016	38

똑딱이 안타 중
1루타 비율이 80% 이상

야구에서 '똑딱이' 하면 장타는 적고, 1루타 위주로 타격하는 선수들을 말한다. 똑딱이로 불리는 선수들을 살펴보면 발 빠른 선수들이 많은 편이다. 똑딱이라고 무시하는 팬들도 있지만 많은 똑딱이들은 발이 빠르다. 1루타를 치고 나가서 2루 도루를 성공해 2루타를 치는 효과를 가져오기도 했다.

예전에 사이버 공간에서 네티즌들 사이에 유명한 똑딱이였던 한 선수는 FA계약 때 억울한 대우를 받았다. 타율이나 안타에서 밀리지는 않는데 네티즌들 사이에서 이유로 꼽은 것은 장타가 없고, 1루타를 치고 나가도 발이 빠르지 않아 도루로 2루를 훔치거나 상대투수 진을 빼는 것이 없어 영양가가 떨어진다는 내용이었다.

이런 '똑딱이'들은 안타 중 1루타 비율이 80% 이상이다. 1루타 비율이 60%가 안 되는 박병호, 이승엽, 한유섬, 조경환과 용병 중에는 로맥, 우즈 같은 선수들과 장타력에서 많은 차이가 난다.

똑딱이로 오해를 받고 있는 선수도 있다. 장효조의 경우다. 장효조가 나이 30이 넘어서 홈런이 적다 보니 편견을 갖고 잘못 아는 소수의 팬들이 장효조를 똑딱이라고 부르기도 했다. 그러나 장효조는 통산 장타율이 0.459로 김종모의 0.435를 훨씬 앞서고, 홈런왕을 2번 기록한 김성래의 0.451보다 앞선다. 1991년에는 36세의 나이로 한 시즌 3루타를 10개나 치기도 했다.

이대형은 많은 야구인과 팬들이 '똑딱이'의 대표라고 생각한다. 많은 사람들의 생각처럼 3,000타석 이상 선수들 중 전체 안타에서 1루타 비율이 가장 높은 선수는 이대형이다. 2016년 한 시즌 최다 1루타 174개 기록을 갖고 있다.

2003년에서 2019년까지 17년 프로선수생활을 하면서 1,414개의 안타를 쳤지만 2루타 132개, 3루타 38개, 선수시절 전체 평균을 내면 한 해 평균 80여 개의 안타를 치면 2루타는 8개, 3루타는 2개다. 통산 홈런은 9개다. 2년에 홈런 1개씩 치는 선수다. 2010년 9경기 연속 홈런을 친 이대호와 프로 통산 9개 홈런을 친 이대형이다. 그러나 통산 도루는 505개다. 한 시즌 평균 30개 정도의 도루를 하므로 1루타 치고 나가서 도루하면 2루타와 같은 효과다.

1980년대 통산 3,000타석 이상의 선수 중 원조 똑딱이는 김광수, 김일권, 김광림, 김재박이다. 4명의 선수 중 유일하게 5,000타석이 넘는 김광림이 35개 홈런을 쳤고, 나머지 선수들은 통산 홈런이 30개가 되지 않는다. 김광림의 35개 홈런도 이승엽 전성기 한 시즌 홈런에도 훨씬 못 미친다.

3,000타석 이상 중 통산 6위 김광수는 168cm의 작은 키에서 장타가 나오기 힘든 신체 사이즈였고, 김일권은 300도루 최초 돌파 선수로 1루타를 치고 2루 도루로 만회하였다. 김재박도 1985년 도루왕을 한 1980년대 도루쟁이였다. 똑딱이지만 도루와 센스 있는 주루플레이로 1루타 이상의 선수였다.

통산 4위 이용규는 2004년에 입단하여 선수생활을 이어가고 있다. 통산 2,040안타 중 2루타 266개, 3루타 61개, 홈런 26개로 이대형을 월등히 앞서지만, 홈런을 한 시즌 반에 1개씩 치는 타자로 출루율

0.383, 장타율 0.364로 똑딱이에서 벗어나지는 못한다.

　　통산 5위 전준호는 통산 2,018개의 안타 중 2루타 214개, 3루타 100개다. 홈런은 42개로 19년 선수시절 한 시즌 평균 2개의 홈런을 친 타자다. 출루율 0.375, 장타율 0.369이지만, 도루 550개로 만회하고 있다.

　　3,000타석은 안 되지만 똑딱이들 중 현역으로 뛰고 있는 선수는 삼성 김지찬, 강한울, 조용호다. 김지찬은 안타 중 1루타 비율이 88%로 이대형보다 높고, 나머지 두 선수는 모두 1루타 비율이 85%다. 김지찬은 통산 241안타 중 홈런 2개, 강한울은 528안타 중 홈런 2개, 조용호는 476안타 중 홈런이 3개다. 코치로 이승엽과 함께 해서 유명한 박흥식은 선수 시절 1루타 비율이 80%로 519안타 중 홈런이 12개의 똑딱이다.

　　3,000타석 이상 선수들의 똑딱이 중 덩치 큰 선수들이 몇 명 있다. 이지영과 장원진이다.

　　이지영은 야구선수 치고 키는 177cm로 작은 편이지만 몸무게가 88kg으로 덩치 있는 선수다. 이지영은 안타 중에 1루타 비율이 86%로 2위다. 덩치에 비해 특이하게 극단적으로 밀어치는 선수다. 밀어치기 때문에 장타가 잘 나오지 않는다. 장원진은 188cm에 97kg 메이저리그 체격이지만 통산 홈런이 51개로 11위에 이름이 있다.

똑딱이 통산기록 (3,000타석 이상)

		안타	2루타	3루타	홈런	1루타	1루타 비율(%)
1	이대형	1414	132	38	9	1,235	87
2	이지영	887	92	15	16	764	86
3	조동화	736	73	30	9	624	85
4	이용규	2040	266	61	26	1,687	83
5	전준호	2018	214	100	42	1,662	82
6	김광수	859	116	13	27	703	82
7	박기혁	891	134	12	22	723	81
8	최태원	1133	176	14	24	919	81
9	김선빈	1372	221	13	32	1,106	81
10	김태군	649	105	1	24	519	80
11	장원진	1342	193	25	51	1,073	80
12	이명기	1096	165	28	28	875	80
13	김일권	713	101	16	28	568	80
14	정수근	1493	230	50	24	1,189	80
15	김광림	1358	194	50	35	1,079	79
16	김재박	972	148	26	28	770	79
17	이종열	1175	158	41	52	924	79
18	이종욱	1478	225	51	41	1.161	79
19	박노준	765	110	27	28	600	78
20	조원우	1190	164	25	68	933	78

볼넷도
실력이다

안타를 치지 않고 공을 잘 골라 볼넷으로 나가는 것도 팀이 점수를 내는데 좋은 역할이다. 예전 통계에도 1루타를 치고 나갔을 때보다 볼넷으로 나간 경우가 득점이 더 많았다는 통계가 나왔다. 예전에 수비 때문에 주전 경쟁에서 밀린 어느 선수가 대타로 나와 볼넷으로 자주 나가자 해설위원이 일단 볼넷이라도 저렇게 출루하는 것이 감독에게 인정받을 수 있는 길이라고 하였다.

볼넷을 많이 얻으려면 선구안이 좋아야 한다. 선구안 좋기로 유명한 선수는 장효조, 양준혁이다. 2명 모두 선구안도 뒷받침이 되어 수위타자를 4번 차지한 선수들이다.

프로가 생기고 1987년까지는 OB 4번 타자 윤동균이 볼넷을 가장 많이 얻었다. 그러나 1988년 시즌 중 장효조가 역전하였고, 장효조는 은퇴하던 1992년 프로 최초 500볼넷을 돌파하며 통산 506개의 볼넷으로 은퇴하였다.

장종훈은 1992년 41개의 홈런 신기록을 세울 때 106개의 볼넷을 기록했다. 장종훈이 1987년에서 2005년까지 선수 생활 중 시즌 볼넷이 가장 많았던 해가 1991년에서 1993년 3년 연속 홈런왕을 했을 때다. 볼넷이 1990년 69개, 1991년 76개, 1992년 106개인데 상대투수가 홈런에 겁을 먹어 정면승부를 피하는 바람에 나온 결과다.

양준혁도 3할 타율 비결 중 하나가 선구안으로 볼넷과도 연관된다. 양준혁은 1997년 103개, 2006년 103개의 볼넷을 얻었다. 1997년과 1998년은 이승엽과 쌍포를 이루던 시절로 타순이 3번 이승엽, 4번 양준혁이었는데 양준혁은 인터뷰에서 3번 타자로 있을 때는 뒤에 4번 타자가 있으므로 정면 승부를 하는데 4번 타자로 나오면 공이 까다롭다고 하였다.

양준혁은 2006년 최초로 볼넷 1,000개를 돌파했다. 1,278개로 역대 1위며 따라올 자가 보이지 않는다. 선수 시절 양준혁은 팀을 위해 아웃을 당하지 않는 것을 목표로 나쁜 공을 건드리지 않아 4구로 많이 출루하였다고 한다. 양준혁은 자기가 원하는 공이 아니면 치지 않고 참는 스타일로 투 스트라이크 이후 원하지 않는 공이 스트라이크존에 공이 들어오면 커트해낸다.

한 해 최고 볼넷은 양준혁보다 이승엽이 더 많다. 이승엽은 삼진을 많이 당하는 타자이지만 볼넷도 많았다. 1999년 삼진 114개, 볼넷 112개다. 1999년은 54개의 홈런을 기록한 해로 상대 투수들이 이승엽의 공을 피하다가 볼넷을 허용했다. 같은 시즌 '배드볼히터'로 불리던 이병규는 타석에서 가장 인내심이 없는 타자라는 말을 들은 적이 있고, 1999년 자신의 최고 타율 0.349를 기록했지만 4구가 34개밖에 되지 않았다. 1999년에 이승엽은 614타석 112볼넷, 이병규는 599타석 34볼넷이면 이승엽은 5타석 1개의 볼넷, 이병규는 17타석 1개의 볼넷으로 엄청난 차이가 난다.

한 시즌 개인 100개 이상의 볼넷은 20번 있었고, 한 시즌 최고 볼넷은 2001년 롯데 호세의 127개다. 타율 0.335에 36홈런을 때리던 호세를 상대투수들은 두려워했고 고의 4구가 28개다. 1999년 박정태, 호세, 마해영으로 이어지는 타순에서는 호세를 볼넷으로 내보내면 마해영을 만나게 되어 호세는 볼넷 79개, 고의4구는 7개였다. 그러나 2001년 마해영이 삼성으로 트레이드되어 롯데는 고정된 5번 타자가 없었고, 김응국, 조성환, 조경환이 5번 타자로 나왔으나 타석에서의 위협감이 1999년의 마해영과 차이가 많이 났다. 박정태도 5번 타자로 몇 번 나왔으나 1999년의 박정태가 아니었다.

    한 시즌 개인 볼넷 2위는 2003년 심정수의 124개다. 이승엽이 56개 홈런을 때릴 때 심정수가 53개 홈런을 치며 홈런왕 경쟁을 벌이던 해의 기록이다. 2004년 용병 브룸바는 타격왕을 하며 114개의 볼넷, 1992년 김기태는 입단 2년째 3할 타율, 31홈런으로 두각을 나타내며 114개의 볼넷을 얻었다.

통산 볼넷 20걸

	이름	최종팀	연도	볼넷	시즌 최다 볼넷
1	양준혁	삼성	1993~2000	1,278	1997(2006) 103개
2	김태균	한화	2001~2020	1,141	2016년 108개
3	장성호	KT	1996~2015	1,101	2001년 90개
4	박한이	삼성	2001~2019	1,028	2006년 80개
5	최형우	삼성	2002~	1,013	2017년 96개
6	박경완	SK	1991~2013	974	2004년 94개
7	이승엽	삼성	1995~2017	953	1999년 112개
8	김기태	SK	1991~2015	948	1992년 114개
9	김재현	SK	1994~2010	929	2001년 88개
10	최정	SSG	2005~	923	2021년 84개
11	김현수	LG	2006~	909	2015년 101개
12	박재홍	SK	1996~2012	875	1999년 79개
13	이용규	키움	2004~	870	2015년 68개
14	장종훈	한화	1987~2005	866	1992년 106개
15	이범호	기아	2000~2019	863	2005년 94개
16	전준호	히어로즈	1991~2009	861	2001년 65개
17	손아섭	NC	2007~	859	2016년 92개
18	박석민	NC	2004~	843	2015년 83개
19	김동주	두산	1998~2013	814	2007년 83개
20	정성훈	기아	1999~2018	813	2012년 65개

득점은
공격의 최종 목표

 공격의 최종 목적은 득점이다. 야구에서 득점을 얻는 방법은 여러 가지다. 홈런 한 방으로 손쉽게 득점을 얻기도 하고, 2루에 주자를 두고 다음 타자가 외야수 앞에 떨어지는 안타를 쳐서 2루 주자가 슬라이딩으로 힘겹게 점수를 내기도 한다.

 아주 특별한 경우지만 3루 주자가 홈으로 도루하는 홈스틸도 있다. 홈런과 홈스틸은 개인의 의지와 실력으로 나오지만 대부분은 뒤 타자의 도움이나 상대 수비실책으로 득점을 한다. 그리고 과감한 주루플레이로 득점을 하기도 한다.

 공격의 최종 목적은 주자가 득점하는 것이므로 시즌이 끝나고 장타력에 문제가 있다고 생각하는 팀은 FA에 나와 있는 거포와 계약하려 하거나 힘 좋은 용병을 뽑고, 기동력이 많이 부족하다고 생각하는 팀은 우수한 주루코치를 영입하려고 한다.

 개인 통산 최다득점 선수 순위를 보면 두 가지 유형으로 갈린다. 홈런을 많이 치는 홈런왕과 출루를 많이 하고 발이 빠른 1, 2번 타자다. 홈런을 치면 자동으로 득점이 되기 때문에 통산 최다득점 선수는 1,355점의 이승엽이다. 타점 이야기에서도 말했듯이 467개의 홈런을 친 이승엽은 최소 467득점은 보장되어 있다.

1999년 54개의 홈런을 치던 해 128득점을 하여 시즌 최다 득점 2위 기록을 갖고 있다. 통산 득점 2위는 역시 장거리타자 양준혁, 3위는 이승엽의 통산 홈런 경신을 넘보고 있는 최정이다.

그러나 출루를 많이 하는 1번 타자가 클린업 트리오의 타점으로 득점을 많이 하기도 한다. 통산 6위 박한이, 7위 전준호, 공동 8위 이용규가 주인공들이다. 삼성의 1, 2번 타자였던 박한이는 출루하면 클린업트리오 이승엽, 마해영, 양준혁 등의 강타자들이 있어서 득점할 기회가 많았다.

전준호 뒤에는 롯데 시절에는 자갈치 김민호, 박정태가 있었고, 현대 시절에는 박재홍, 심정수가 있었다. 이용규 뒤에는 나지완, 최희섭, 이범호가 있었다. 1990년대 중반 베이스를 훔치며 도루 신드롬을 일으켰던 이종범은 생각과 달리 통산 득점은 1,100점으로 11위에 올라 있다.

시즌 개인 최다득점은 2014년 넥센 서건창의 135점이다. 2014년은 서건창이 200안타 신기록을 세우며, 수위타자를 한 해로 서건창은 안타, 득점에서 동시에 신기록을 세웠다.

한 경기에서 한 팀 최다득점은 1997년 5월 4일 삼성의 27점이다. 이 날 경기에서 그 유명한 정경배의 연타석 만루홈런이 있었다. 삼성은 27:5로 승리하였다. 한 경기 양 팀 최다득점은 2009년 5월 15일 목동구장 LG와 넥센의 22:17이다. 한 시즌 최고 득점은 2018년 두산의 944득점이다. 한 경기 평균 6.5득점이다.

김성한은 1980년대 중반부터 통산 최다득점 1위를 독점하여 1995년 은퇴할 때 762점으로 1998년 이순철이 768득점으로 간신히 제칠 때까지 선두였다. 그러나 이순철은 1998년을 끝으로 은퇴했고, 1999년 장종훈이 1위를 하여 2005년까지 유지하였다. 2005년 장종훈이 은퇴하던 해 양준혁이 통산 최다득점 1위가 된 후 2017년 시즌 중 이승엽이 역전하고 은퇴한 후 2022년까지 1위를 유지하고 있다.

　　득점왕 공식 타이틀은 2000년부터 시작되었다. 공식 타이틀이 된 후 득점왕을 가장 많이 한 선수도 통산 득점 1위 이승엽이다. 2000년, 2002년, 2003년 3번이고, 공식 타이틀이 시작된 연도를 무시하고 원년부터 통산하면 이승엽과 이종범의 5번이다. 이종범은 일본으로 가기 전 4번 득점 1위였고, 2003년 공식 득점 왕을 차지하였다.

　　원년부터 시즌 득점 1위 선수를 보면 이승엽 외에 김봉연, 김성한, 장종훈, 이대호 같은 홈런타자와 이종범 외에 이해창, 이순철, 전준호, 이종욱, 이용규, 정근우처럼 도루 많이 하는 선수들이 시즌 득점 1위를 한 번은 하였다. 중심타선의 이광은, 박용택, 데이비스, 최희섭, 구자욱도 득점 1위를 하였다. 고영민은 2007년 득점왕을 하였고, 전준우는 1번 타자로 나왔던 2011년과 2018년에 2번 득점왕을 하였다.

통산 최다 득점

	이름	팀	연도	득점
1	이승엽	삼성	1995~2017	1,355
2	양준혁	삼성 〉 해태 〉 LG 〉 삼성	1993~2010	1,299
3	최정	SK	2005~	1,274
4	박용택	LG	2002~2020	1,259
5	손아섭	롯데 〉 NC	2007~	1,219
6	박한이	삼성	2001~2019	1,211
7	전준호	롯데 〉 현대	1991~2009	1,171
8	최형우	삼성 〉 기아	2002~	1,160
8	이용규	LG 〉 기아 〉 한화 〉 키움	2004~	1,160
10	장성호	해태 〉 한화 〉 롯데 〉 KT	1996~2015	1,108
11	이종범	해태	1993~2011	1,100
12	김현수	두산 〉 LG	2006~	1,076
13	정근우	SK 〉 한화 〉 LG	2005~2020	1,072
14	장종훈	빙그레	1986~2005	1,043
15	정성훈	해태 〉 현대 〉 LG 〉 기아	1999~2018	1,040
16	김주찬	삼성 〉 롯데 〉 기아	2000~2020	1,025
17	김태균	한화	2001~2020	1,024
18	송지만	한화 〉 현대	1996~2013	1,019
19	박재홍	현대 〉 기아 〉 SK	1996~2012	1,012
20	황재균	현대 〉 롯데 〉 KT	2006~	1,000

타자 사구로
벤치 클리어링
일어나기도

1980년대에는 데드볼이라는 말로 익숙하던 사구는 투수가 던진 공에 맞고 1루로 나가는 것이다. 사구는 투수의 제구력 부족이나 실수로 생기는 경우도 있지만, 고의사구도 있으므로 사구 때문에 벤치클리어링이 자주 생긴다.

훌륭한 방망이보다 사구로 이름을 알린 선수도 있다. 공필성은 사구가 아니라면 평범한 타율의 3루수로 롯데 팬이 아니라면 기억에서 사라졌을지도 모른다. 1995년 22개의 사구를 기록하며 처음으로 시즌 20개 사구 시대를 열며 유명해졌다.

이보다 앞선 1980년대 김인식은 원조 악바리로 유명하지만 장명부의 연속사구와 맞지도 않았는데 출루하려고 '악' 소리를 지른다고 하여 유명했고, 공필성이 경신하기 전 원년 18개의 사구로 시즌 최다 사구 기록을 갖고 있었고, 1983년에도 13개의 사구로 2년 연속 사구가 가장 많았다. 그 후 이만수가 2번 연속으로 시즌 사구가 가장 많았다.

사구는 선수의 마음가짐도 작용한다. 피할 수 있는데도 피하지 않고 맞고 나가는 선수들이 있다. 2,000타석을 기준으로 타석 당 사구 비율이 가장 높은 선수는 최익성이다. 최익성은 25타석에서 1개의 사구, 6경기에서 한 번 몸에 맞고 걸어 나가는 선수다. 타석 당 사구는 통산 사구 1위 최정을 앞선다. 수비에서 다이빙 캐치 등 허슬 플레이에 반한 사장 때문에 한화로 트레이드될 정도로 승부근성이 뛰어난 최익성은 타석에서도 몸에 맞는 공을 두려워하지 않고 맞고 나갔다. 최익성이 최정만큼 타석에 들어섰다면 통산 사구 1위는 최익성이었을 것이다.

웬만큼 타석에 들어선 선수라면 몸에 맞는 공으로 출루해본 경험이 있게 마련이다. 그러나 가장 많은 타석에서 사구가 하나도 없는 선수는 두산, 롯데 유니폼을 입은 김동한이다. 2012년에서 2020년까지 605타석에서 사구가 0개다.

순간의 실투로 생긴 사구 하나가 승패를 바꾼 경기도 있었다. 1998년 삼성과 해태 대구 경기에서 해태 선발로 나온 이대진은 2:0으로 앞선 9회 말 투아웃까지 잡고 주자없이 한 타자만 남겨놓고 있었다. 김종훈 한 명만 잡으면 완봉승이었다. 김종훈은 이대진의 위력적인 공에 삼진을 당할 것 같았지만 순간 이대진의 실투로 공이 몸에 맞아 갑자기 비명 소리와 함께 1루로 걸어 나갔다. 이어 양준혁의 좌익수 플라이 같은 공이 아슬아슬하게 담장을 넘어가 2:2 동점이 되었고, 삼성은 연장 11회 말 김한수가 임창용으로부터 끝내기 안타를 치며 삼성이 3:2로 이겼다.

김태균은 4연타석 사구를 기록했다. NC 시절 2017년 4월 20일 사직구장 롯데 경기에서 7회, 9회 몸에 공을 맞은 후 다음날 대구 삼성 경기에서 3회, 5회 사구를 기록했다. 그 전의 최고 3연타석 사구 기록은 MBC 김인식, 삼성 이만수, 쌍방울 조용호, 해태 박재벌, 태평양 백성진, 빙그레 진상봉, LG 최훈재, 삼성 정경배, LG 홍현우, LG 박경수, 한화 이성열, NC 김종호, 두산 양의지, 키움 김주형이 기록했다.

사구 통산 1위는 최정의 313개다. 8,336타석 313개로 26.6타석 당 1개의 사구로 타석 당 사구도 1위다. 사구가 많은 이유는 최정은 타석에 들어설 때 홈플레이트에 바싹 붙고, 상대하는 타자들이 장타에 대

한 두려움으로 몸 쪽 공을 던지기 때문이라고 한다. 2위는 박석민. 몸 개그로 상대방 자극이 많아서 사구가 많은 것 같다.

시즌 최고 사구는 1999년 박종호의 31개다. 사구도 투수의 실투나 제구력 부족으로 어쩔 수 없이 생기는 경우가 있지만 시즌별 사구 1위를 보면 사구가 많은 선수의 특징이 나타난다. 앞에서 말한 31개 사구 박종호나 한영준, 송구홍 같은 악바리거나 장종훈, 이만수 같은 홈런타자다. 이만수는 홈런타자에다가 지나친 홈런 세레머니, 포수할 때 말이 많아서 사구가 많았다.

3,000타석을 기준으로 사구를 좀처럼 당하지 않는 선수는 김호다. 3,812타석 11개의 사구다. 346타석에 1개의 사구다. 2,000타석 이상 들어선 선수를 기준으로 기아 박찬호는 467타석, 강한울은 425타석에서 1개의 사구다.

통산 사구 순위

	이름	주요팀	연도	타석	사구	타석 당
1	최정	SK	2005~	8,336	313	26.6
2	박석민	삼성	2004~	6,417	209	30.7
3	나지완	기아	2008~2022	5,479	181	30.2
4	이대호	롯데	2001~2022	8,128	180	45.4
5	박경완	SK	1991~2013	7.326	166	44.1
6	박종호	현대	1992~2009	5,901	161	36.6
7	양의지	두산	2007~	5,871	152	38.6
8	김한수	삼성	1994~2007	5,852	148	39.5
8	강민호	롯데	2004~	7,762	148	52.4
10	김동주	두산	1998~2013	6,592	147	44.8
10	이성열	한화	2004~2021	4,710	147	32.0
12	송지만	한화	1996~2013	7,591	145	52.3
13	김재현	LG	1994~2010	6,855	134	51.1
14	장종훈	한화	1986~2005	7,374	131	56.2
15	김동수	LG	1990~2009	6,940	130	53.3
16	박병호	넥센	2005~	5,638	124	45.4
17	이용규	기아	2004~	8,025	122	65.7
18	박경수	KT	2003~	6,463	121	53.1
19	정성훈	LG	1999~2018	8,475	120	70.6
20	마해영	롯데	1995~2008	6,264	119	52.6
20	나성범	NC	2013~	5,412	119	45.4

희생번트는
감독의 주문인
경우가 많아

 야구에서 희생이라는 말은 타자가 자신은 아웃되면서 앞선 주자를 진루시키는 데 사용된다. 희생이라는 말이 붙는 경우는 희생번트와 희생플라이가 있다.
 베테랑 선수의 자발적인 희생번트도 종종 있었지만, 100% 가까이 감독의 지시로 이루어진다. 감독마다 희생번트 많이 대고 적게 대는 스타일이 있는데 희생번트를 많이 대는 감독을 만나면 개인 희생번트가 많아진다.
 희생번트가 많은 감독은 김성근, 강병철, 김재박이다. 희생번트가 적은 감독은 박영길, 김인식이다. 김성근, 강병철, 김재박, 조범현을 만나면 희생번트가 많을 것이고, 박영길, 김인식을 만나면 희생번트가 적을 것이다.
 통산 희생번트 216개 2위 전준호, 215개 3위 박종호, 196개 5위 박진만은 현대에서 김재박이 1996년에서 2006년까지 감독을 할 때 중간에 김재박 감독과 함께한 선수들이다. 이 3명의 선수는 김재박을 만나서 통산 순위에 있지 않나 생각할 수 있다. 전준호는 롯데시절 1991년부터 강병철 감독과 3년 보내면서 3년 연속 2자릿수 희생번트를 댔으나 김용희 감독으로 바뀌고 2년은 숫자가 1자리로 줄어들었다. 그러나 1997년 현대로 이적해서 김재박 감독을 만났다.

박종호도 LG 시절 이광환, 천보성 감독 시절에는 희생번트가 1993년을 제외하고는 한 자릿수였으나 현대로 이적하고 2000년에서 2003년까지 4년 연속 희생번트는 20개가 넘었다.

박진만은 1996년 현대 입단 첫해부터 18개의 희생번트를 대며 2004년까지 거의 2자릿수 희생번트를 댔으나 2005년 FA로 삼성으로 이적하고 나서 삼성 시절 6년 동안은 희생번트가 한 자릿수로 줄어들었다.

야구인들이 평가하기로 희생번트를 가장 잘 대는 선수는 전준호를 꼽는다. 최고의 기습번트 선수로도 평가받는다.

이기기 위한 경기가 아닌 이승엽을 위한 희생번트도 있었다. 1999년은 이승엽의 아시아 홈런 신기록 경신 여부로 뜨겁게 달구었던 해였다. 이승엽의 아시아 홈런 타이기록 달성으로 팬들의 관심이 절정에 달해 있는 삼성의 마지막 경기에서 54개 홈런을 친 이승엽에게 한 타석이라도 기회를 더 주기 위해 이승엽 앞에 1루 주자가 있자 이승엽 바로 앞 타석에서 병살타로 이닝이 끝날까 봐 앞 타자 김종훈이 번트자세를 한 적이 있다.

희생번트 1위는 김민재다. 통산 229개의 희생번트에 성공했다. 김민재가 희생번트 통산 1위까지 하게 된 것은 SK 시절인 2002년 강병철, 2003년 또 한 명의 희생번트 감독 조범현이 왔기 때문이다. 2003년에는 30개의 희생번트를 댔다. 희생번트 통산 7위에 박경완이 올라와 있는 것도 의외다. 쌍방울 시절 김성근, 현대 시절 김재박, SK 시절 조범현, 그리고 김성근을 또 만나서 통산 7위까지 올라가게 되었다.

4번 타자나 강타자에게 희생번트를 대라고 하면 자존심이 상하는 법이다. 통산 희생번트 13개의 마해영은 감독의 희생번트 사인이 났으나 어정쩡하게 대다가 실패하여 칼럼에서 약간의 비판을 받은 적도 있다.

희생정신이 가장 투철한 선수는 OB 베어스의 구천서다. 1991년 8월 20일 삼성과의 대구 경기에서 5타석 연속 희생번트 기록을 갖고 있다.

홈런타자들의 통산 희생번트를 보면 숫자가 적다. 이만수 4개, 장종훈 26개, 박병호 3개, 최정 64개다. 장종훈은 1군 데뷔 첫 시즌 1987년 11개, 1988년 3개, 1989년 2개로 홈런왕이 된 1990년 이후는 희생번트가 10개다. 최정은 2010년에는 16개의 희생번트를 댔으나 김성근 감독 시대가 끝난 2012년부터는 통산 7개다.

용병들에게는 희생번트를 시키지 않는 편이다. 호세 1,656타석, 우즈 2,624타석, 브룸바 2,384타석에서 희생번트가 0개인 선수들이다. 해외 출신 최희섭 2,541타석, 순수 국내 선수로는 한화, 넥센 유니폼을 입었던 2,261타석의 김태완이 희생번트가 0개이다.

1980년대 장효조가 번트 자세를 취하자 아나운서가 "장효조에게도 번트를 대라고 합니까?" 한 적이 있다. 타율이 좋은 정교한 타자들의 희생번트는 장효조 16개, 이정훈 52개, 양준혁 14개, 이병규 31개, 김태균 7개, 김현수 1개다. 이정훈은 신인 시절인 1987년 24개의 희생번트를 기록했다.

희생번트 통산순위

	이름	팀	연도	희생번트
1	김민재	롯데 〉 SK 〉 한화	1991~2009	229
2	전준호	롯데 〉 현대	1991~2009	216
3	박종호	LG 〉 현대 〉 삼성 〉 LG	1992~2009	215
4	조동화	SK	2001~2016	205
5	박진만	현대 〉 삼성 〉 SK	1996~2015	196
6	이종열	LG	1991~2009	187
7	박경완	쌍방울 〉 현대 〉 SK	1991~2013	178
8	박한이	삼성	2001~2019	169
9	김광수	OB	1982~1992	164
10	김동수	LG 〉 삼성 〉 SK 〉 현대	1990~2009	158
11	조원우	쌍방울 〉 한화	1994~2008	152
12	권용관	LG 〉 SK 〉 LG 〉 한화	1996~2016	149
13	나주환	두산 〉 SK 〉 기아	2003~2021	147
14	김광림	OB 〉 쌍방울 〉 현대 〉 쌍방울	1984~1999	145
14	박기혁	롯데 〉 KT	2000~2018	145
16	최태원	쌍방울	1993~2003	132
17	유지현	LG	1994~2004	131
17	정근우	SK 〉 한화 〉 LG	2005~2020	131
19	정경배	삼성 〉 SK	1996~2009	128
20	신명철	롯데 〉 삼성 〉 KT	2001~2015	127

희생플라이는 득점에 성공해야 인정

희생플라이는 3루에 주자를 두고 노아웃이나 원아웃에서 외야플라이로 잡혔으나 3루 주자가 외야수가 공을 잡은 후 한 베이스 더 주루하여 득점에 성공하면 희생플라이로 기록된다. 외야플라이 때 2루에서 3루로 뛰어 세이프가 되었을 때는 희생플라이로 인정되지 않는다. 희생플라이도 야구 보는 재미를 준다. 1점차로 뒤지고 있거나 동점 상황에서 노아웃이나 원아웃에서 외야로 타구가 가는 순간 관중과 시청자들은 경기에 집중하게 된다.

    희생플라이는 주자 3루를 두고 외야플라이를 치고 홈인하면 기록되는 것이기 때문에 보내기 번트처럼 타자가 진짜 희생하려고 친 외야플라이인지 한 방 노리고 친 것이 외야플라이로 잡힌 것인지는 분간하기 어렵다.

    희생플라이는 외야수가 잡은 파울볼도 수비가 잡은 후 3루 주자가 홈인하면 기록된다. 예를 들어 2:2 동점 원아웃 3루에서 3루 주자는 발 빠른 이종범, 여기서 타자가 좌익수 깊숙한 파울플라이를 치면 3루 주자가 거의 살기 때문에 좌익수가 충분히 잡을 수 있어도 일부러 놓치는 것을 볼 수 있다.

    희생플라이를 치려면 타구를 외야로 쉽게 보내야 한다. 외야로 보내려면 일발장타가 유리하므로 통산 희생플라이 20걸을 살펴보면 두산 김재호를 제외하면 통산 100홈런이 넘는 선수들이다. 김재호는 똑딱이라고 보기 어렵지만 4,893타석에 홈런은 50개 쳤고, 2루타가 200개가 안 되는 선수인데 9위에 올라 있다.

통산 1위는 96개의 박용택과 김현수다. 두 선수 모두 10년 동안 잠실구장을 홈으로 쓰면서 박용택은 통산 홈런이 213개이고 2루타부문에서 441개로 4위에 올라 있다. 타격머신 김현수는 통산 235개의 홈런과 389개의 2루타로 2루타 8위다. 이 두 선수는 장타력으로 타구를 외야로 쉽게 보낼 수 있는 타자들이다.

공동 3위는 최형우와 김동주다. 최형우는 홈런이 356개로 통산 4위고, 2루타는 이승엽에 1개 차이로 뒤진 463개로 2위다. 김동주는 통산 홈런 293개, 2루타 273개로 거포에 들어가는 선수다.

희생플라이는 노아웃이나 원아웃에 타석에 들어섰을 때 3루 주자가 홈인해야 생기는 기록이기 때문에 빠른 3루 주자와 상대팀 외야수의 어깨가 작용한다. 어깨가 약한 외야수면 3루 주자가 세이프 될 확률이 높다. 1990년데 3심으로 불리던 심정수, 심재학, 심성보에게 외야플라이가 가면 3루 주자가 홈에서 아웃되는 장면을 종종 볼 수 있었다. 특히 심재학이 외야에서 홈으로 송구하는 공은 군더더기 없이 포수 글러브에 꽂혀 3루 주자가 아웃되곤 했다.

통산 희생플라이

	이름	팀	연도	희생플라이
1	박용택	LG	2002~2020	96
1	김현수	두산 〉 LG	2006~	96
3	김동주	두산	1998~2013	89
3	최형우	삼성 〉 기아	2002~	89
5	최정	SK	2005~	83
6	이대호	롯데	2001~2022	77
7	이승엽	삼성	1995~2017	76
7	김동수	LG 〉 삼성 〉 SK 〉 현대	1990~2009	76
7	김재호	두산	2008~	76
10	양준혁	삼성 〉 해태 〉 LG 〉 삼성	1993~2010	73
11	박재홍	현대 〉 기아 〉 SK	1996~2012	72
12	김태균	한화	2001~2020	69
12	양의지	두산 〉 NC	2006~	69
12	이원석	롯데 〉 두산 〉 삼성	2005~	69
15	이범호	한화 〉 기아	2000~2019	67
15	강민호	롯데 〉 삼성	2004~	67
17	황재균	현대 〉 롯데 〉 KT	2006~	65
18	김주찬	삼성 〉 롯데 〉 기아	2000~2020	63
18	마해영	롯데 〉 삼성 〉 기아 〉 LG 〉 롯데	1995~2008	63
18	심재학	LG 〉 현대 〉 두산 〉 기아	1995~2008	63

도루왕들의
기동력도
멋진 야구 볼거리

장종훈과 이승엽의 홈런, 최동원의 탈삼진만이 아니라 기동력 야구도 볼거리였다. 1993년 입단 때부터 73개의 도루를 기록하며 도루신드롬을 일으켰던 이종범은 그해 한국시리즈 7차전까지 가면서 1993년 한국시리즈에서만 7개의 도루를 기록하며 기동력도 야구의 전력이라는 것을 직접 보여주었다.

    10년별로 도루를 주름 잡았던 선수를 보면 1980년대에는 김일권의 독주고, 1990년대는 이순철, 이종범, 전준호, 정수근이 주름잡았다. 2000년대에는 이대형, 2010년대에는 박해민이다. 1980년대에는 김재박과 이해창이 있었지만 프로에서는 1번씩만 도루왕을 차지했을 뿐 김일권에게 상대가 되지 않았다.

    홈런신드롬을 일으켰던 장종훈, 이승엽처럼 도루도 신드롬을 일으키던 시절이 있었다. 1993년부터 1997년까지 이종범을 말한다. 1994년 84개의 도루로 역대 한 시즌 가장 많은 도루를 기록한 이종범은 1993년 신인 시절에는 73개의 도루를 하였다. 개인 한 시즌 70개 이상의 도루는 1993년 전준호의 75개와 합쳐 통산 3번이다.

    이종범이 일본 가기 전 5년 동안은 이종범이 1루에 나가면 자동으로 2루 가는구나 하던 시절이었다. 주니치에 있던 이종범을 해태로 다시 역수입하려고 일본을 방문한 적이 있던 김성한 감독은 이종범이 있으면 창단 2년째 SK를 제외하고는 그 팀이 우승이라고 말하기도 했다.

이종범이 1997년 시즌 후 일본으로 간 후 도루는 정수근이 1998년부터 2001년까지 4년 연속 독점했지만, 이종범을 능가하지는 못했다. 한 시즌 40개, 50개 도루하는 선수로 시즌 평균 60개가 넘는 도루를 하는 이종범을 뛰어넘지는 못했다.

1996년 박재홍부터 홈런왕은 매년 최소 30, 40개는 되다가 2006년 이대호가 26개로 홈런왕을 했듯이 도루왕도 기복이 있다. 보통 도루왕은 50개를 넘는데 2018년부터 2020년까지 3년 연속 30 몇 개로 도루왕을 하였다. 경기 수는 더 늘어나는데 도루는 더 줄어들었다. 도루를 하지 말라는 야구 추세도 아니고 어깨가 강한 포수가 갑자기 나타난 것도 아니다. 전준호, 이종범, 이대형 같이 도루에 타고난 선수가 나오지 않은 것이 이유라면 이유다.

통산 도루 1위는 전준호의 549개다. 메이저리그 리키 핸더슨의 1,406개와 비교하면 너무나 많은 차이가 난다. 현역선수 중 최고는 키움 이용규의 392개, 그 다음 LG 박해민의 342개다. 특징을 봐서 전준호의 549개 도루는 한국프로야구에서 오랫동안 경신하기 쉽지 않을 것으로 보인다.

포스트시즌 통산 도루는 이야기기 달라진다. 1위는 55경기 242타석에 들어선 이순철이 19개로 가장 많다. 전준호는 72경기 306타석에 들어서며 기회가 훨씬 많았지만 12개로 포시트시즌 통산 도루는 7위다.

한 시즌 팀 최고 도루는 1995년 롯데의 220개다. 전준호 69개로 도루왕, 김응국은 31개, 공필성 22개, 김종헌 21개, 마해영 16개를 기록하였다. 김응국은 개인 한 시즌 최다 도루이고 마해영은 통산 45개의 도루를 하였고, 1995년 유일하게 두 자릿수 도루를 하였다.

전문 대주자로 활약해서 타석에 들어설 기회가 적었지만 어느 정도 출장과 출루를 하면 도루로 이름을 날릴 가능성을 보인 선수는 정경훈, 강명구다. 1990년 삼성에 입단한 정경훈은 통산 도루 182개를 기록하여 33위에 올라 있다. 통산 도루 50걸 중 2,000타석이 안 되는 유일한 선수일 만큼 같은 시기 도루왕 이종범, 전준호와 비교하여 경기 출장과 타석에서 많이 차이나지만 이종범, 전준호처럼 출루한다면 도루 50개, 60개는 할 수 있는 선수다.

　　강명구는 타석수가 경기수보다 224나 적은 대주자 전문영역을 개척한 선수다. 자신의 통산 도루 111개 중 대주자로 100개 이상의 도루 성공과 82%의 높은 성공률을 갖고 있으나 문제는 1할대 타율이었다. 류중일, 박진만 정도만 하고 부상 없이 시즌을 소화했다면 우리나라 프로야구 도루 역사가 달라졌을 것이다. 2006년 안타 1개, 4사구 5개인데 도루가 21개다.

　　이외에 한화에서 1번 타자로 나온 적이 있는 김수연, NC 김종호, 현대 정수성 역시 2,000타석도 안 되는 선수들이지만 출장과 출루만 보장된다면, 정수근, 이용규 정도의 도루는 충분히 할 선수들이었다. 400타석, 500타석이 넘었을 때 김수연은 42개, 김종호는 50개의 도루를 하였다.

통산 도루 20걸

	이름	팀	연도	도루	도루왕
1	전준호	롯데 > 현대	1991~2009	549	3번
2	이종범	해태	1993~2011	510	4번
3	이대형	LG > 기아 > KT	2003~2019	505	4번
4	정수근	두산 > 롯데	1995~2009	474	4번
5	이용규	기아 > 한화 > 키움	2004~	392	1번
6	김주찬	삼성 > 롯데 > 기아	2000~2020	388	
7	이순철	해태 > 삼성	1985~1998	371	3번
7	정근우	SK > 한화 > LG	2005~2020	371	
9	김일권	해태 > 태평양 > LG	1982~1991	363	5번
10	박해민	삼성 > LG	2012~	342	4번
11	이종욱	현대 > 두산 > NC	2003~2018	340	1번
12	박용택	LG	2002~2020	313	
13	유지현	LG	1994~2004	296	
14	오재원	두산	2007~2022	289	1번
15	김재박	MBC > 태평양	1982~1992	284	1번
16	박재홍	현대 > 기아 > SK	1996~2012	267	
17	김종국	해태	1996~2009	254	1번
18	김상수	삼성	2009~	251	1번
19	오지환	LG	2009	240	
20	정수빈	두산	2009~	236	

3할 5푼 타자들은
레전드 가능성

같은 3할 타자라도 3할과 3할 5푼은 다르다. 3할도 어렵지만 적지 않은 선수들이 선수 시절 한 번 정도는 3할을 친 적이 있다. 포수로 타격도 괜찮지만 3할은 힘들 것 같은 김동수는 36세의 나이에 네 번째 팀 현대에서 프로 14년 만에 400타석 넘게 들어서며 규정타석을 채우고 3할을 쳤다. 류중일 하면 화려한 유격수 수비로 기억하고 공격에서는 큰 인상을 못 준 것 같지만 1990년 전(全) 경기 출장하여 503타석에 들어서며 그 당시로는 아주 많은 132개의 안타를 치고, 0.311의 타율로 당당히 3할 타자가 된 적이 한 번 있다.

그러나 3할 5푼은 타격에서 내로라하는 이름 있는 선수들도 한 번 기록하는 것이 쉽지 않다. '배드볼히터'라고 불리며 타격에는 타고난 재능을 가졌다는 이병규도 최고 타율이 1999년 0.349이다. 통산 타율이 0.311지만 0.350은 한 시즌도 넘기지 못했다. 1990년대 후반에서 2000년 중반까지 한국프로야구를 대표하는 교타자 장성호도 9년 연속 3할을 쳤지만 최고타율은 2002년 0.343이다.

41년 동안 수위타자 타율을 보면 1989년 0.326의 고원부가 가장 낮았고, 0.350 수위타자는 19번 있었다. 특히 2014년부터 2021년까지 8년 연속 0.350 이상의 수위타자가 나왔다. 1982년부터 2013년까지 32년 동안은 0.350 이상 수위타자는 11번 있었다. 2014년부터 예전에 비해 0.350 타자가 한 시즌만 5명 나오는 등 0.350의 가치가 떨어졌지만 결코 쉬운 기록이 아니다. 41년 동안 개인 시즌 0.350 이상을 친 타자는 41번 있었다.

0.350 타율도 역시 장효조다. 1999년 이후 지금까지 타고투저의 시대와 비교하면 투고타저 시대였던 1983년, 1985년, 1987년 한 해 건너뛰기로 3번을 0.350 이상의 타율을 기록했다. 1980년대와는 다른 시절이지만 육성선수 김현수는 데뷔 3년째 2008년 0.357의 타율을 기록했고, 2009년과 2018년 모두 3번 3할 5푼대를 쳤다. 김태균, 최형우는 2010년대가 되면서 3번 기록했다.

이대호는 해외 진출 전 2010년과 2011년 2번, 장효조와 똑같이 4번 수위타자를 한 양준혁은 2001년 시즌 중 부진으로 2군에 한 번 내려갔고 그것이 약이 되었는지 1군에 복귀하여 그 해 0.355를 쳤다. 손아섭은 2014년 0.362, 2020년 0.352를 기록했다.

고타율과는 거리가 있어 보이지만 한 시즌 갑자기 0.350을 한 번 쳐본 타자는 김상훈과 마해영이 있다. 1980년대와 1990년대 MBC, LG의 간판 왼손타자 김상훈은 통산 타율이 0.288지만 1988년 0.354로 수위타자가 되었고, 롯데 마해영은 1995년에 데뷔하여 4년 동안 한 번도 3할을 못 치다가 1999년 0.372의 타율로 신들린 타격을 보이며 1번의 타격왕 타이틀을 차지했다.

0.350 이상 타율

연도	이름	팀	타율	연도	이름	팀	타율
1982	백인천	MBC	0.412	2014	최형우	삼성	0.356
1983	김종모	해태	0.350	2014	강정호	넥센	0.356
1983	장효조	삼성	0.370	2014	손아섭	롯데	0.362
1985	장효조	삼성	0.373	2014	김태균	한화	0.365
1987	장효조	삼성	0.387	2014	서건창	넥센	0.370
1988	김성래	삼성	0.350	2015	유한준	넥센	0.362
1988	김상훈	MBC	0.354	2015	테임즈	NC	0.381
1992	이정훈	빙그레	0.360	2016	이용규	한화	0.352
1994	이종범	해태	0.393	2016	김태균	한화	0.365
1999	마해영	롯데	0.372	2016	최형우	삼성	0.376
2001	양준혁	LG	0.355	2017	박민우	NC	0.363
2008	김현수	두산	0.357	2017	박건우	두산	0.366
2009	정근우	SK	0.350	2017	김선빈	기아	0.370
2009	김동주	두산	0.353	2018	이정후	넥센	0.355
2009	김현수	두산	0.357	2018	양의지	두산	0.358
2009	홍성흔	롯데	0.371	2018	김현수	LG	0.362
2009	박용택	LG	0.372	2019	양의지	NC	0.354
2010	홍성흔	롯데	0.350	2020	손아섭	롯데	0.352
2010	이대호	롯데	0.364	2020	최형우	기아	0.354
2011	이대호	롯데	0.357	2021	이정후	키움	0.360
2012	김태균	한화	0.363				

개인 최다경기출장도
야구팬들의 관심거리

연속경기출장은 야구팬들의 큰 관심을 끌었다. 20년 전 쌍방울, SK 최태원의 연속경기출장은 신기록 경신 전후로 계속 기사가 나왔다. 신기록 경신 후에도 연속출장이 몇 경기까지 이어질지 매일 기사를 볼 수 있었다. 1980년대도 MBC 김인식의 연속경기출장, 1990년대 중반 이전 OB 김형석의 연속경기출장도 큰 관심을 받았다.

그러나 연속경기출장 기록 못지않게 개인 최다경기 출장도 의미가 크다. 최다경기 출장도 연속은 아니지만 개근상 비슷하게 성실함을 나타낸다. 그리고 감독과 관계가 무난하다는 사실도 보여준다. 2001년 삼성 김기태는 감독과 불화설이 TV 스포츠뉴스에까지 나오며 44경기밖에 출전하지 못하고 2군에 머물다가 시즌 마치고 SK로 이적하여 다음 해 100경기 넘게 출장하였다.

최다경기 출장 선수 순위에 있는 선수들을 보면 타격이든 수비든 한 가지 주특기가 있다. 김민재는 통산타율이 0.250이 안 되지만 수비가 뛰어나 2,111경기 출장하며 통산 6위에 이름이 있다.

최다경기 출장 기록은 박용택의 2,237경기다. 박용택은 2002년에 입단해서 2019년이 선수생활 마지막 해다. 19년 동안 2,237경기 출장을 19로 나누면 한 시즌 평균 117경기를 출장한 선수다. 2위는 20년 선수생활을 하고 3루수로 15년 활약한 정성훈이고, 3위는 국민 우익수로 불리며 강견 외야수로 유명한 이진영이다.

통산 2,000경기 출장 선수는 16명이다. 2,000경기에 턱걸이한 선수는 이승용과 이범호다. 1994년 태평양에 입단해 1루수와 가끔 중견수로 나왔던 이승용은 1996년 김재박 감독을 만나 인정받고 장수할 수 있었고 2,001경기에 출장했다. 이범호는 맡을 수 있는 포지션 3루가 있었고, 정확성은 떨어져 타율이 높지 않지만 통산 329개의 홈런을 칠 정도로 일발장타가 있었기에 20년 선수생활을 할 수 있었다.

박진만은 현대에서 간판 유격수 9년 후 FA로 삼성에 와서 선동열을 만났고, 김상수가 입단한 후부터 출전기회가 많이 줄었다. 2010년 시즌 후 1,639경기 때 삼성에서 방출되었다. 그러나 노장을 중요시하는 김성근 감독을 만나 SK에서 선수생명이 연장되었지만 2,000경기에 7경기가 부족한 1,993경기에서 끝났다.

최다경기 출장 10걸에는 1980년대 선수를 찾을 수 없다. 1980년대 입단 선수 중 최고 출장기록 보유자는 장종훈의 1,950경기이고, 통산 20위다. 1982년은 80경기에서 출발했고, 장종훈은 1986년 연습생으로 입단해서 프로 1군 첫 경기에 출장한 1987년은 108경기였다. 2022년의 144경기와 비교하면 36경기나 차이가 난다.

1,000안타를 치면 프로선수로 인정받을 만하지만 1,000경기 출장도 알아줘야 한다. 1,000경기 이상 출전 선수는 174명이다. 딱 1,000경기 출전하고 은퇴한 선수는 NC, 기아 유니폼을 입은 이현곤이다. 몇 개 차이로 1,000경기 출장을 못한 선수는 1980년대 최고의 외야수 삼성 장태수와 대타홈런 20개를 치며 전문대타로 유명했던 이재주가 있다. 장태수는 991경기, 이재주는 981경기 출장이다.

강타자나 대단한 선수는 아니지만 자신의 포지션을 묵묵하게 지키던 3루수 김용국은 1,092경기, 2루수 김광수 1,046경기, 김호는 1,170경기에 출장하였다. 백엽으로 불리던 김재걸 1,125경기, 임재철 1,139경기로 1,000경기 넘게 출장하였다. 김용의는 980경기로 1,000경기는 출장하지 못했다.

신인 시절 1번 타자로 3할 타율에 123경기 출장하며 떠오르는 샛별이었으나 플레이오프에서 외야 수비 중 펜스에 부딪히는 부상으로 선수 생명에 위기가 있었고, 선수기용의 의견 차이 등으로 삼성에서 두산, 기아로 떠돌며 출전기회를 얻지 못하던 강동우는 한화에서 김인식 감독을 만나고 나서 부활하여 '최고령 1번 타자'라고 불리며 1,427경기나 출장했다.

1980년대는 지금과 비교해서 경기수가 많이 적어 그 시절 주름 잡았던 선수들은 1,000경기 출장을 채우지 못하고 은퇴하였다. 김재박 966경기, 장효조 961경기, 이광은 923경기로 은퇴하였다. 이정훈은 1992년 수위타자를 하며 최고의 시즌을 치렀으나 훈련을 너무 열심히 한 것이 후유증으로 나타났다. 1993년부터 경기출장이 줄어들며 평범한 선수가 되더니 918경기에서 은퇴했다.

통산 경기출장

	이름	팀	연도	출장
1	박용택	LG	2002~2020	2,237
2	정성훈	해태 > 현대 > LG > KIA	1999~2018	2,223
3	이진영	쌍방울 > LG > KT	1999~2018	2,159
4	양준혁	삼성 > 해태 > LG > 삼성	1993~2010	2,135
5	박한이	삼성	2001~2019	2,127
6	김민재	롯데 > SK > 한화	2001~2019	2,111
7	강민호	롯데 > 삼성	2004~	2,108
8	전준호	롯데 > 현대	1991~2009	2,091
9	장성호	해태 > 한화 > 롯데 > KT	1996~2015	2,064
10	이호준	해태 > SK > NC	1994~2017	2,053
11	박경완	쌍방울 > 현대 > SK	1991~2013	2,043
12	김동수	LG > 삼성 > SK > 현대	1990~2009	2,039
13	최정	SK	2005	2,036
14	김태균	한화	2001~2020	2,015
15	이숭용	태평양	1994~2011	2,001
15	이범호	한화 > 기아	2000~2019	2,001
17	박진만	현대 > 삼성 > SK	1996~2015	1,993
18	이대호	롯데	2001~2022	1,972
19	홍성흔	두산 > 롯데 > 두산	1999~2016	1,957
20	장종훈	빙그레	1986~2005	1,950

타석(打席)은
깊이 있는 타자 평가의
기준

야구 기록에서 타자든 투수든 몇 경기 출장했는지는 관심이 많다. 박용택은 2,000경기 출장을 기념하는 야구공이 나와서 판매되었다. 최정이 2,000경기 출장을 눈앞에 두고 있을 때 최연소 2,000경기 출장이라는 기사가 떴다. 그러나 '5,000타석 돌파', '7,000타석 돌파' 같은 제목은 찾기 힘들다.

좀 더 심사숙고해 보면 몇 경기 출장했는가보다 몇 타석에 들어섰는가가 타자를 평가하는 데 더 깊이가 있다. A선수와 B선수가 똑같이 1,000경기 출장했더라도 A선수는 한 경기 평균 4타석에 들어서서 4,000타석, B선수는 한 경기 평균 2타석에 들어섰다면 같은 1,000경기 출장 선수라도 4,000타석과 2,000타석에 들어선 결과로 선수의 질이 다른 것이다.

최태원이 1,009경기에 연속 출전한 것은 대단하다. 그런데 1990년대 후반은 시즌 500타석 넘게 들어서며 경기 당 4타석 넘게 들어서서 진짜 철인이라는 말을 들을 만했지만, 김형석의 연속경기 출장 신기록을 경신하고 훨씬 지난 2001년에는 경기당 2.8타석으로 3타석이 되지 않는다. 2루수로 한 경기 2타석만 나오고 교체되어 연속경기 신기록만 늘리기 위한 출전이라는 비판이 나왔다.

타자가 교체되지 않고 1경기를 할 때 최소 들어서는 타석은 상대투수에게 퍼펙트를 당한다고 해도 3타석은 된다. 그러나 퍼펙트는 우리나라 프로야구에서는 한 번도 없는 기록이고, 7, 8, 9번 하위타순은 3타석에서 끝날 때가 있지만 보통은 4타석, 점수를 많이 뽑으면 5타석도 들어선다.

붙박이 주전들이 1경기에 몇 번 타석에 들어서는지 통산성적으로 계산해보면 지명타자, 1루수, 외야수는 한 경기 평균 4타석이 넘고 체력 소모가 많은 2루수, 유격수는 보통 4타석이 되지 않는다. 경기 중반이나 후반에 백업선수로 교체되는 일이 많다.

쪼그려 앉아야 하고, 투수의 볼 배합을 신경 쓰고 투수를 리드해야 하는 포수는 더하다. 통산 출장경기 20위 안에 드는 포수들의 타석 순위를 보면 경기출장 7위 강민호는 15위로 한 경기 3.6타석, 11위 박경완은 23위로 3.5타석, 12위 김동수는 30위로 3.4타석인데, 포수는 체력 안배 등으로 1경기를 끝까지 가지 않는 편이다.

주전이 되지 못했던 선수들도 보통 한 경기 3타석이 되지 않는다. 전문 대주자 강명구는 581경기에 334타석이고, 유재신도 516경기 출장하여 447타석에 들어섰다. 이 두 명의 전문 대주자는 타석수가 경기 출장수보다 적다. 타석에는 한 번도 안 들어서도 대주자로 나왔기 때문이다.

전문 대타로 불리던 이재주는 981경기 2,567타석으로 한 경기 2.6타석, 김영직은 715경기 1,830타석으로 한 경기 2.5타석, 서상우는 194경기 443타석으로 한 경기 2.2타석이다. 김영직과 이재주는 전문 대타자라고 불려도 규정타석을 채운 적이 있지만 한 경기 평균 3타석이 되지 않는다.

백업 내야수로 불리던 김재걸은 1,124경기에 출장하여 2,437타석에 들어서 경기당 2.2타석, 백업 내·외야 김용의는 980경기 출장하여 2,053타석으로 한 경기 2.1타석에 들어섰다. 백업 전문포수 저니맨 허도환은 779경기 1,615타석으로 한 경기 2타석에 들어섰다.

한국프로야구에서는 아직 10,000타석에 들어선 선수는 나오지 않았다. 10,000타석에 들어서려면 20년 선수생활을 할 경우 한 시즌 500타석, 15년 선수생활을 할 경우 한 시즌 666타석에 들어서야 하는데 시즌 개인 최다 타석이 2016년 롯데 손아섭의 672타석이고, 시즌 개인 666타석 이상은 손아섭 2번, 페르난데스, 최원준 한 번씩 모두 4번밖에 없었다. 15년 선수생활을 할 경우 10,000타석은 불가능한 기록이고, 20년 선수생활을 해도 선수가 철인이고, 감독이 기록을 만들어주기 위해 출장시켜 주지 않는 이상 매우 어려운 기록이다.

9,000타석 이상이 1명, 8,000타석 이상이 12명이고, 7,000타석 이상 28명, 6,000타석 이상 44명이다. 원년에 입단해 1990년대 중반까지 오랜 선수생활을 한 선수들도 6,000타석은 넘지 못했다. 이만수 5,034타석, 김성한 5,502타석, 신경식 5,138타석에 들어섰다.

타석에 가장 많이 들어선 선수는 가장 많이 경기에 출장한 박용택이다. 2,237경기에 출장해서 9,138타석에 들어서며 한 경기 당 4.1타석에 들어섰다. 2위는 통산 경기출장 4위 양준혁이다. 3위는 통산 경기출장 5위 박한이다. 최고 타석 통산 1, 2, 3위 모두 외야수들이다. 최다 경기 출장 2위 정성훈이 타석에서는 4위다. 정성훈은 한 경기 3.8타석에 들어서서 4타석이 되지 않는다. 체력 부담이 많은 3루수를 주로 맡아 경기 후반 교체되는 경우가 외야수보다는 많기 때문이다.

통산타석

	이름	최종팀	연도	경기	타석	PG/G
1	박용택	LG	2002~2020	2,237	9,138	4.1
2	양준혁	삼성	1993~2010	2,135	8,807	4.1
3	박한이	삼성	2001~2019	2,172	8,712	4.1
4	정성훈	기아	1999~2018	2,223	8,475	3.8
5	장성호	KT	1996~2015	2,064	8,344	4.0
6	최정	SSG	2005~	2,036	8,336	4.1
7	이승엽	삼성	1995~2017	1,906	8,270	4.3
8	최형우	기아	2002~	1,944	8,227	4.2
9	김태균	한화	2001~2020	2,015	8,225	4.1
10	전준호	히어로즈	1991~2009	2,091	8,158	3.9
11	이대호	롯데	2001~2022	1,972	8,128	4.1
12	이용규	키움	2004~	1,911	8,025	4.2
13	손아섭	NC	2007~	1,834	7,912	4.3
14	이진영	KT	1999~2018	2,159	7,880	3.6
15	강민호	삼성	2004~	2,108	7,762	3.7
16	김현수	LG	2006~	1,811	7,693	4.2
17	홍성흔	두산	1999~2016	1,957	7,637	3.9
18	이호준	NC	1996~2017	2,053	7,612	3.7
19	송지만	넥센	1996~2013	1,938	7,591	3.9
20	황재균	KT	2007~2022	1,842	7,473	4.1

선구안은
좋은 타자의 기준

좋은 타자는 많은 안타, 홈런, 타점, 높은 타율, 출루율, 장타율도 중요하지만 선구안이 좋아야 한다. 나쁜 공을 건드려서 범타나 병살타로 물러나거나, 스트라이크존을 훨씬 벗어난 볼인데 헛스윙을 하여 삼진 당하는 것이 적어야 한다. 팀이 점수를 내야 하는 중요한 찬스 때 치지 않아야 할 공에 방망이를 휘둘러서 삼진을 당하거나, 나쁜 공을 빗맞혀서 범타로 물러난다면 문제가 있는 것이다.

  2017년 5월 11일 대전 한화 롯데 경기에서 한화가 0:1로 지고 있다가 8회 말 원아웃 만루에서 장민석의 2타점 안타로 2:1 승리를 거둔 후 김성근 감독은 김태균의 선구안을 칭찬하였다. 김태균은 원아웃 1루, 2루에서 타석에 들어서서 투 스트라이크 이후 볼넷으로 걸어 나갔다.

  선구안을 나타낼 수 있는 가장 객관적인 지표는 볼넷/삼진이다. 나쁜 공을 건드려서 아웃되는 것은 나타나지 않기 때문에 완벽하다고는 할 수 없지만 얼마나 볼넷이 많고 삼진이 적은지를 수치로 나타는 것으로 그나마 선구안을 나타낼 수 있는 최적의 수치다. 볼넷 대 삼진 비율로 1이 넘으면 볼넷이 삼진보다 더 많기 때문에 선구안이 좋다고 보는 것이다.

  3,000타석을 기준으로 볼넷/삼진 1위는 역시 장효조다. "장효조

가 치지 않으면 볼이다." 하는 말에 대해 그냥 경기를 보고 감각적으로 말하는 것이 아니라 숫자가 증명하고 있다. 장효조의 볼넷/삼진 1.75는 2위 1.47보다 월등히 앞선다.

장타력과 선구안을 다 갖추었다는 양준혁도 1.40으로 4위에 올라 있다. 2위는 보통 생각지 못한 선수로 타율은 0.250 안팎이던 OB베어스의 김광수다. 3위는 원조 1번 타자 김일권이다.

장효조와 양준혁 두 선수를 보면 3할 타자가 되려면 선구안이 좋아야 유리하다는 것을 보여준다. 스트라이크를 벗어난 공에 방망이를 휘둘러 삼진이나 범타가 많이 나온다면 타율을 까먹는다. 그러나 볼넷/삼진 수치가 선구안을 완전히 정확하게 나타내는 것은 아니기 때문에 볼넷/삼진 수치가 낮은, 즉 볼넷에 비해 삼진이 많아도 좋은 타율의 선수가 많다. 3,000타석 이상 통산 타율 1위 이정후 1.18, 8위 김현수는 1.17이지만, 김태균은 0.41, 나성범 0.35, 데이비스는 0.58로 수치가 낮아도 타격 10걸에 들어간다.

장거리 타자 이미지로 삼진이 많을 것 같은데 의외의 선수도 있다. 이만수, 심재학이 20위 안에 들어간다. 이만수 1.13, 심재학 1.10이다. 그런데 이만수는 SK감독 시절 볼넷을 별로 좋아하지 않았고 인터뷰에서도 선수들에게 주문하기를 "기다리지 말고 쳐라. 쳐야지 점수가 난다."고 하는 야구인이었다. 그리고 선수시절 노 스트라이크 쓰리 볼에서도 기다리지 않고 방망이를 휘두르는 선수로 정평이 나 있다.

3,000타석에는 들지 않지만 볼넷/삼진 비율이 높은 선수는 원조 OB 4번 타자 윤동균, 프로 첫 신인왕 박종훈, 유일한 재일교포 신인왕 고원부가 있다. 윤동균 1.47, 박종훈 1.46, 고원부 1.44를 기록하고 있다.

삼진아웃 대 볼넷비율

	이름	타석	볼넷	삼진	볼넷/삼진
1	장효조	3,632	506	289	1.75
2	김광수	4,082	393	267	1.47
3	김일권	3,196	267	187	1.42
4	양준혁	8,807	1,278	910	1.40
5	김재박	4,070	364	279	1.30
6	정구선	3,036	365	283	1.28
7	노찬엽	3,223	328	258	1.27
8	이정훈	3,512	312	246	1.26
9	장성호	8,344	1,101	879	1.25
10	이용규	8,025	870	715	1.21
11	이정후	3,560	334	281	1.18
12	김현수	7,693	909	771	1.17
13	한영준	3,421	400	344	1.16
14	박정태	4,458	475	416	1.14
15	이만수	5,034	554	490	1.13
16	김선빈	5,259	516	463	1.11
17	신경식	5,180	384	346	1.10
18	심재학	4,470	617	558	1.10
19	김기태	6,003	948	862	1.09
20	유지현	4,865	590	537	1.09

삼진아웃의
여러 가지 사연들

　삼진아웃이 적은 선수는 선구안이 좋은 선수들이다. 이병규는 선구안은 떨어지지만 맞히는 재주가 기가 막혀 삼진을 잘 당하지 않는다. 7,247타석에서 838개의 삼진아웃을 당해서 8.9타석에 1개의 삼진이다. 삼진아웃이 많은 선수들은 대개 정확성이 떨어지고 크게 휘두르는 선수들이다.

　그러나 삼진아웃은 심판의 판정으로 생기기도 한다. 코너워크로 오는 공을 심판에 따라 스트라이크 볼 판정에 약간의 차이가 있고, 같은 심판 같은 날이라도 스트라이크존이 일정하지 않은 경우가 있다. 투 스트라이크에서 타석에 들어선 타자는 볼이라고 생각하고 치지 않는데 주심이 스트라이크 아웃을 선언해 불만 가득한 표정의 선수들을 자주 볼 수 있다. 보통은 잠시 멈추어 서서 어이없다는 제스츄어만 보이고 화를 누르며 들어가는 것이 보통이지만 심판에게 따지고 항의해서 코치가 말리러 오거나 코치가 같이 심판과 싸우는 경우도 있다.

　심판 항의로 자신을 존재를 알리고 은퇴한 선수도 있다. 주인공은 두산 오재원이다. 1980년대는 오재원과 같은 두산의 원조 팀 OB 유격수 유지훤이 스트라이크 판정에 자주 불만을 나타냈다. 어이없는 스트라이크 판정에 잘 참는 선수는 삼성, 쌍방울의 김성래였다.

삼진아웃이 병살타보다 낫다는 말도 있다. 우리나라를 대표하는 오른손 강타자 마해영은 1990년대까지만 해도 잠재력이 덜 나타났다. 롯데 유니폼을 입고 있을 때 롯데가 연장전에서 승리하자 네티즌들이 오늘 승리의 주인공은 마해영이라고 하였다. 마해영이 9회 공을 건드려서 병살타를 쳤으면 롯데의 패배로 경기가 바로 끝났는데 마해영이 삼진아웃으로 물러나서 다음 타자에게 기회가 이어져서 승리할 수 있었다는 우스갯소리도 있었다.

삼진아웃이 많은 빅3는 박경완, 최정, 송지만이다. 박경완은 7,326타석에서 1,605개의 삼진, 최정은 8,336타석에서 1,571개의 삼진, 송지만은 7,591타석에서 1,451개의 삼진아웃을 기록했다. 세 선수의 특징을 보면 박경완 314개, 최정 429개, 송지만 311개의 홈런으로 3명 모두 홈런이 300개가 넘는 거포들이다. '거포는 삼진이 필요악'이라는 말을 보여준 선수들이다.

삼진아웃 비율이 높은 3명을 꼽으라면 이성열, 조경환, 박병호다. 이성열은 4,710타석에서 1,359개, 조경환은 3,003타석에서 781개, 박병호는 5,683타석에서 1,418개의 삼진아웃을 당했다. 3~4타석에 1개의 삼진아웃을 당하는 선수들이다. 홈런이 이성열 190개, 조경환 131개, 박병호 362개로 3명 모두 일발장타로 정평이 난 선수들이다.

"장효조가 치지 않으면 볼이다."의 장효조는 타석에서 삼진아웃 적게 당하는 비율이 통산 7위다. 장효조는 12타석에 1개의 삼진아웃이다. 장효조 앞에 6명의 선수는 김일권, 김광수, 신경식, 김재박, 이정훈, 이정후다. 이정후를 제외하고는 모두 1980년대 선수들이다.

김일권은 3,000타석 이상 선수들 중에서 삼진당하는 비율이 가장 낮다. 17타석에서 1개의 삼진이다. 1989년에는 343타석 8개의 삼진아웃이라는 놀라운 기록을 갖고 있다. 통산 삼진당하는 비율이 낮은 2위는 OB베어스 2루수 김광수다. 3위는 9년 OB 유니폼을 입었던 신경식이다. 1989년의 김일권, 김광수, 신경식 등 1위에서 3위까지 모두 김성근 감독과 함께 했던 선수들이다.

연타석 무삼진 기록은 두산 이종욱의 2012년 4월 11일부터 5월 16일까지 117타석 무삼진의 기록이다.

3,000타석을 기준으로 삼진아웃이 적은 타자는 보통 교타자로 불리는 선수들이지만, 통산 순위 20위까지 이름들을 보면 홈런이 많은 편에 속하는 이종범과 이광은도 있다. 이종범은 홈런 25개를 치던 1996년 13타석, 30개를 치던 1997년 11타석에서 1개의 삼진이다. 1980년대 MBC 유니폼을 입고 잠실구장을 홈으로 쓰면서 홈런을 많이 치는 편이던 이광은도 통산 11위에 이름이 있다.

거포들 중에서 삼진을 잘 당하지 않는 선수는 양준혁과 김동주다. 351개의 홈런을 친 양준혁은 8,807타석에서 910개의 삼진아웃을 당해 9타석에 삼진아웃 1개이고, 273개 홈런의 김동주는 6,940타석에 821개의 삼진아웃을 해 8타석에서 1개의 삼진이다.

용병들 중 삼진아웃이 많은 선수는 1,039타석에서 343개 삼진으로 3타석에 1개의 퀸란이 있고 우즈도 삼진이 많은 편이다. 우즈는 2,624타석에서 610개로 4.3타석에서 1개의 삼진이다.

통산 타석 당 삼진비율 낮은 순위 (3,000타석 이상)

	이름	팀	연도	타석	삼진	타석당
1	김일권	해태 〉 태평양 〉 LG	1982~1991	3,196	187	17
2	김광수	OB	1982~1992	4,082	267	15
3	신경식	OB 〉 삼성 〉 쌍방울	1982~1995	5,180	346	14
4	김재박	LG 〉 태평양	1982~1992	4,070	279	14
5	이정훈	빙그레 〉 삼성 〉 OB	1987~1997	3,512	246	14
6	이정후	넥센	2017~	3,560	281	12
7	장효조	삼성 〉 롯데	1983~1992	3,632	289	12
8	노찬엽	MBC	1989~1997	3,223	258	12
9	허경민	두산	2012~	4,781	391	12
10	김종모	해태	1982~1992	3,057	257	11
11	이광은	MBC	1982~1991	3,705	313	11
12	김선빈	기아	2008~2022	5,259	463	11
13	이용규	LG 〉 기아 〉 한화 〉 키움	2004~	8,025	715	11
14	이종범	해태	1993~2011	6,921	622	11
15	박노준	OB 〉 해태 〉 쌍방울	1986~1997	3,280	302	10
16	정구선	삼미 〉 롯데	1983~1990	3,036	283	10
17	박정태	롯데	1991~2004	4,458	416	10
18	김성현	SK	2006~	4,231	395	10
19	백인호	해태 〉 쌍방울 〉 해태	1987~1999	3,265	312	10
20	최태원	쌍방울	1993~2003	4,884	468	10

고의4구는
투수 마음일까,
타자 실력 때문일까?

다른 종목과 달리 야구는 승부를 선택해서 피할 수 있다. 투수가 타자와 상대하고 싶지 않으면 고의4구를 던지면 된다. 대신 1루 주자는 채워지지만 이것이 야구의 묘미다. 고의4구는 1루가 비어 있고 강타자한테 한 방 맞을까 봐 피하지만, 원아웃 2루나 2, 3루에서 1루를 채워 병살타를 노리기 위해 고의4구를 주기도 한다.

고의4구는 4번 타자에게 많이 나온다. 3번 타자에게는 대개 정면승부를 한다. 뒤에 4번 타자가 있기 때문에 1루에 내보냈다가 4번 타자에게 장타를 맞으면 실점이므로 정면승부를 한다. 삼성 이승엽, 양준혁 다선을 예로 들면 주로 3번으로 나온 이승엽은 상대 투수들이 이승엽에게 홈런 공포증이 있지만 정면승부로 가서 이승엽은 통산 고의4구 5걸에 들지 못했다. 이승엽은 4번 타자로 나온 적도 있으므로 통산순위는 10위다.

고의4구가 많은 타자는 이종범, 호세, 양준혁, 이대호, 김기태 같은 내로라하는 강타자들이다. 이종범은 1997년 한 시즌 최고 고의4구 30개 기록을 갖고 있다. 1997년은 이종범이 30개 홈런을 때리는 1번 타자였다. 상대투수들이 도루 공포증뿐만 아니라 홈런 공포증도 있었다. 이종범을 고의4구로 내보낼 때는 1루에 나가도 2루 선행주자가 있으므로 도루 확률은 거의 없었고 2번 타자와 승부하기 위해서였다.

　　2001년 호세는 한 시즌 최고 볼넷 127개에 고의4구가 28개다. 호세를 피하고 5번 조경환과 상대하려는 작전이었다. 2001년 조경환도 타율 0.303, 131안타, 26개 홈런을 치며 타율, 홈런, 안타 모두 자신의 한 시즌 최고기록으로 조경환을 4번 타자로 봐도 무방했다. 그러나 상대투수는 호세보다 덜 부담이 갔던 모양이다. 양준혁은 1997년 27개, 1998년 26개의 고의4구를 얻었다. 4번 양준혁 뒤에 5번 신동주나 김한수가 상대적으로 투수들에게 부담이 덜 갔던 것이다.

　　기록되지 않아도 고의4구로 추정되는 경우가 있다. 1999년 이승엽이 한창 홈런을 칠 때 4구가 112개였다. 이승엽이 타석에 들어설 때 2루에 주자가 있고 1루가 비어 있으면 상대 투수는 고의4구로 가기 쉽다. 2018년부터 자동 고의4구가 있지만 그 전에는 고의4구의 경우 보통 포수가 일어나서 받는다. 이승엽 타석에서 포수가 일어서지 않고, 앉아 받으면서 4구를 허용하는 것을 종종 볼 수 있었다. 해설자도 "포수가 서서 받으면 관중석에서 물병이 날아오고 난리 날 것입니다."라고 하였다.

　　그런데 이 고의4구는 다음 타자 자존심을 건드리기도 한다. 2001년 6월 17일 삼성 기아 경기에서 연장 10회 말 5:5에서 김상진은 5번 타자 이동수와 상대하기 위해 4번 타자 산토스를 고의4구로 내보냈다. 자존심이 상한 이동수의 얼굴이 그대로 나타났고, 이동수는 김상진으로부터 3점 끝내기 홈런을 때리며 친정팀에 당당히 복수를 하였다.

　　고의4구는 상대타자가 겁나기보다 실점을 주지 않고 병살타를 유도하기 위한 작전으로 시도할 때도 있다. 1998년 9월 19일 한화 삼성 경기 3:3 연장 10회 말에서 이승엽이 2루타로 포문을 열자 한화는 양준혁 고의4구, 보내기번트 허용으로 만들어진 1사 2, 3루에서 병살타를 유도하기 위해 최익성을 고의4구로 걸렀다.

한 시즌 팀 최고 고의4구는 1998년 삼성의 48개다. 1998년 고의4구 2위 쌍방울 32개, 해태 25개다. 삼성이 고의4구가 눈에 띄게 많은 것은 이승엽, 양준혁 두 왼손 강타자 때문이다. 두 선수 모두 3할이 넘는 타율에 홈런 38개 이승엽, 27개 양준혁에 겁을 먹은 상대 투수들이 1루가 비어 있으면 고의4구로 걸러서 이승엽 10개, 양준혁 26개로 두 선수 합이 쌍방울 팀 고의4구를 넘었다.

1980년대 4번 타자들의 통산 고의4구 기록은 삼성 이만수 52개, 해태 김봉연 14개, 롯데 김용철 18개, MBC 이광은 40개, OB 윤동균 26개이다. 원년 4할 타자 백인천은 1982년 10개의 고의4구로 80경기에서 많은 숫자다. 상대투수들이 백인천을 겁낸다는 것을 수치가 말해주고 있다. 해태는 김성한 31개, 신경식이 39개로 4번 타자보다 많았고, 장효조도 37개의 고의4구 기록을 갖고 있다.

3,000타석 이상 나온 선수 중에 고의4구가 없는 선수도 있다. 주인공은 박기혁, 이대수, 김태군이다. 박기혁은 4,196타석, 이대수 3,252타석, 김태군 3,002타석에 들어섰지만 이들에게 고의4구를 던진 투수는 한 명도 없었다.

통산 고의4구

	이름	팀	연도	고의4구	시즌최고
1	양준혁	삼성	1993~2010	150	1997년 27개
2	김기태	쌍방울	1991~2005	129	1996년 20개
3	이대호	롯데	2001~2022	94	2007년 25개
4	최형우	삼성	2002~	87	2011년 15개
5	장종훈	빙그레	1987~2005	86	1995년 16개
6	김태균	한화	2001~2020	85	2015년 12개
6	김현수	두산	2006~	85	2015년 12개
8	이종범	해태	1993~2011	82	1997년 30개
9	장성호	해태	1996~2015	81	2002년 14개
10	이승엽	삼성	1995~2017	75	2001년 11개
11	김동주	두산	1998~2013	68	2007년 11개
12	박재홍	현대	1996~2012	60	1997년 10개
12	심정수	두산	1994~2008	60	2003년 17개
14	이숭용	현대	1994~2011	59	1996년 19개
14	김형석	OB	1985~1998	59	1991년 12개
16	김민호	롯데	1984~1996	54	1989년 13개
17	김재현	LG	1994~2010	53	2005년 10개
18	이병규	LG	1997~2016	52	2002년 12개
18	이만수	삼성	1982~1997	52	1991년 12개
20	최정	SK	2005~	50	2017년 10게

도루 성공률에 기여하는 주루코치의 존재감

팀 성적을 내기 위해서는 기동력도 중요한 역할을 한다. 그래서 많은 팀에서 영입하려는 인기 있는 주루코치도 있다. 조금 나이 드신 야구팬이라면 1990년대 TV화면에서 볼 수 있었던 외국인 코치가 기억날 것이다. 알바레즈 수비·주루 코치다. 알바레즈는 1990년대 쌍방울, 롯데, LG를 돌았고, 미국으로 돌아갔다가 예전 명성으로 우리나라로 돌아와 2012년부터 2015년까지 SK를 맡았다. 1995년 롯데에 있을 때 역대 시즌 최다 220개 도루기록이 나오며 도루 성공 220개, 도루 실패 73개로 성공률이 75%이다.

김평호 주루코치도 명성으로 여기저기서 다른 팀에서 와 달라는 주루코치 저니맨이다. OB, 삼성, 기아, NC, 롯데 유니폼을 입었다. 2014년 삼성은 처음으로 도루왕을 배출했다. 주인공은 김상수다. 도루왕이 된 김상수는 김평호 주루코치의 도움이 컸다고 하였다. 이때 김상수의 시즌 도루 성공률도 90%에 육박하는 최고 성공률이었다. 박해민은 2015년에서 2018년까지 4년 연속 도루왕을 하였다. 2015년, 2016년 박해민의 도루 성공률은 82.9%다.

도루가 많은 것도 대단하지만 도루 성공률이 중요하다. 단순히

기록을 위한 도루는 그렇다 쳐도 그날 팀 승리의 발판을 만드는 도루는 반드시 성공해야 한다. 통산 도루 1위 전준호가 도루를 많이 하는 것은 좋지만 만일 1점차로 뒤지고 있는 9회말 1루에 출루해서 도루 실패를 하여 패전을 면할 수 있는 기회가 날아가는 경우를 똑같이 3번 연속으로 반복했다면 이것은 아무리 도루를 많이 해도 영양가가 떨어지는 도루로 문제가 있는 셈이다.

개인 프로통산 도루 실패는 한 번도 없이 최고 도루 성공은 7개다. 달성한 선수는 용병 마틴과 이양기다. 2004년 1년 LG에서 뛰었던 마틴은 메이저리그 피츠버그 유니폼을 입었던 1999년 20-20까지 한 선수다. 감독 사인을 잘못보고 도루하는 경우도 있었다. 김경문이 OB 베어스 선수 시절 어이없이 도루하다가 아웃이 된 경우다. 해설자와 아나운서 모두 저 상황에서 발이 느린 김경문이 왜 뛰는지 의아해했다. 김경문은 10년 동안 통산 도루 17개. 1년에 도루 1개 하는 선수였다.

도루가 승리에 도움이 되려면 성공률이 70%가 되어야 한다는 연구 분석이 있다. 50개 이상 도루를 한 선수를 기준으로 도루 성공률이 80% 이상인 선수는 7명이다. 통산 최다도루 20걸 중에서 성공률이 80% 이상인 선수는 81.9%를 성공한 이종범 1명이다. 통산 100개의 도루를 한 선수는 102명이고, 이 중에서 도루 성공률이 70% 이상인 선수는 54명이다. 도루 100개를 성공한 선수 중 52%가 도루 성공률이 70% 이상이다.

통산 도루 1위 전준호 71%, 3위 이대형 74%, 4위 정수근 75%, 이용규 72%이고, 원조 도루왕 김일권 71%, 여우같은 센스로 성공률이 높을 것 같은 김재박은 70%다. 꾀돌이 유지현은 77%다. 우리나라에서 내로라하는 대도들의 성공률이 70%는 넘지만 80%는 되지 않는다.

호타준족으로 불리는 양준혁은 312번 도루 시도해 193번 성공으로 61.8% 성공률, 박재홍은 412번 시도에 267번 성공으로 64.8% 성공률로 성공률이 낮은 편이다. 양준혁은 1990년대 한창 괴물타자로 주가를 올릴 때 미숙한 주루플레이로 종종 기사가 났던 시절이 있었다. 발이 아주 빠르다고 소문났으며 최고의 중견수로 불리는 김강민도 314번 시도하여 207번 성공하여 성공률은 65.9%로 도루 성공률에서는 재미를 보지 못한 편이다.

　　50개 이상 도루를 한 선수들 중에서 통산 도루 성공률 1위는 김혜성, 2위는 김지찬이며 현역 선수들이고 3위는 조동찬이다. 12년 동안 153안타가 전부이지만 111개의 도루를 하며 전문 대주자 영역을 개척했던 강명구는 82.2%의 성공률로 4위에 올라 있다.

도루성공률 순위(통산 50도루 이상)

	선수	도루시도	성공	실패	성공률(%)
1	김혜성	183	156	27	85.2
2	김지찬	81	69	12	85.2
3	조동찬	179	150	29	83.8
4	강명구	135	111	24	82.2
5	테임즈	78	64	14	82.1
6	이종범	623	510	113	81.9
7	박찬호	136	109	27	80.1
8	구자욱	144	115	29	79.9
9	최지훈	94	75	19	79.8
10	조동화	241	191	50	79.3
11	김민호	294	232	62	78.9
12	이종욱	432	340	92	78.7
13	최익성	108	85	23	78.7
14	박해민	435	342	93	78.6
15	김상수	320	251	69	78.4
16	심우준	190	149	41	78.4
17	김종국	324	254	70	78.4
18	박민우	277	217	60	78.3
19	박건우	109	85	24	78
20	추승우	77	60	17	77.9

호타준족은
치고 달리기의
달인

호타준족은 발이 빠르고 장타력 있는 선수를 말한다. 호타준족의 척도로는 보통 홈런20-도루20이 많이 사용된다. 이런 선수는 상대투수가 타석에 들어서면 큰 것 한 방 때문에, 또 1루에 내보내면 도루 때문에 2중으로 신경을 써야 하는 선수들이다.

호타준족은 선수 개인이 한 시즌 홈런 20개와 도루 20개 이상을 동시에 달성해야 하는데 호타준족이 얼마나 어려운지는 홈런타자와 도루왕을 보면 알 수 있다.

홈런타자 이승엽, 심정수, 이대호, 박병호 같은 타자는 홈런 20개는 쉽게 때리지만 한 시즌 도루 10개는 어려운 선수들이다. 정수근, 이대형, 전준호 같이 한 시즌 20개 도루를 식은 죽 먹기로 하는 선수들은 한 시즌 홈런 5개를 치기가 어렵다.

우리나라에서 호타준족으로는 박재홍, 양준혁, 이종범을 꼽는다. 최고의 호타준족은 박재홍이다. 신인이던 1996년에 홈런30개 도루 36개로 30-30을 달성하였다. 유일한 250-250 보유 선수다. 1996년에서 2012년까지 17년 동안 300홈런, 267도루를 하였다. 신인 시절 달성했던 30-30을 1998년과 2000년에도 기록하여 통산 3번의 30-30 기록을 갖고 있다. 정확한 기록은 1996년 30-36, 1998년 30-43, 2000년 32-30이다. 신인 시절부터 3년 연속 20-20클럽에 가입하며 20-20클럽 10번의 신화를 쓸 것 같았지만 2001년부터 은퇴할 때까지 한 번도 20개 홈런을 치지 못했다. 19개 홈런 2번, 18홈런 3번, 17홈런 1번이었다. 특히 2005년과 2006년은 2시즌 똑같이 18-22에서 그쳤다.

양준혁은 체구에 편견을 갖고 있지만 발도 빨라 20-20을 4번 한 선수다. 20개 홈런은 9시즌이고, 20개 도루는 4시즌에 그쳤다. 그러나 2007년 우리나라 나이로 39세에 22-20을 기록했다.

이종범은 20개 도루가 30대 중반까지는 마음먹기였지만, 20개 이상 홈런이 그렇게 쉽지 않았다. 홈런 16개에서 19개 사이에 머문 것이 5시즌이다. 이종범은 20-20을 1996년, 1997년, 2003년 3번 달성했다. 특히 1997년의 30-60 달성으로 홈런 30개를 치는 1번 타자였다. 1997년 전에는 한 시즌 홈런 30개를 치는 4번 타자도 찾기 어려운데 불가사의한 기록이다. 1988년 김성한 30개, 1991년 장종훈 35개, 1992년 장종훈 41개, 김기태 31개, 1996년 박재홍 30개가 다였다. 시즌 개인 30홈런이 5번밖에 없었다.

최초의 20-20은 1989년 김성한이 달성했다. 1982년에 프로야구가 시작돼서 20-20 선수가 나오는 데 8년이 걸렸다. 김성한이 1989년 20-20 가입 후 2022년 오지환까지 20-20 클럽 가입은 통산 56번 있었다.

1988년 김성한 앞까지 20-20이 나오기 힘든 이유는 시즌 20개 이상 홈런을 쳐본 선수는 김성한을 포함하여 김봉연, 이만수, 김용철, 김성래 5명이었다. 이 4명의 선수 중 20개 도루를 할 만한 선수는 아무도 없었다. 최초 김성한의 20-20 전까지 20-20에 가장 가까운 선수는 1983년 장효조의 18-22다. 장효조는 실제로는 그렇지 않지만 교타자 이미지가 강한데 1983년만큼은 이만수, 김봉연에 이어 홈런 3위를 하였고, 프로 최초 3연타석 홈런의 주인공이다.

장효조 다음은 1986년 15-20을 기록한 MBC 이광은이다. 이광은은 도루 20개 안팎을 할 수 있는 선수이고, 홈런은 최고가 1984년 18개인데 절반이 넘게 경기하는 잠실이 홈구장이 아니라면 20개 홈런은 몇 번 나왔을 선수다.

김성한이 두 자릿수 도루는 7번 했지만, 20개 이상 도루는 1989년 한 번이고, 김성한에게 호타준족이라는 말은 익숙하지 않았다. 김성한 외에 홈런을 많이 치지만 발이 그렇게 빠르지 않은 선수로는 장종훈이 1991년 35-21을 기록하였고, 느린 이미지의 선수도 20-20클럽에 가입했다. 박경완은 2001년 홈런 24개, 도루 21개를 기록했고, 박병호는 2012년 홈런 31개 도루 20개를 기록했다.

송지만도 2000년까지 해마다 2자리 도루를 기록하며 호타준족의 길을 갈 가능성을 보여준 선수다. 1999년 22-20, 2000년 32-20을 하였다. 그러나 2001년 이후 홈런은 20개 이상을 5번 쳤으나 도루가 평범한 수준이 되었다.

호타준족은 한 시즌 20-20을 기록한 선수에게 붙여지지만 통산 200-200을 한 박용택에게도 가끔 따라다닌다. 박용택은 잠실구장을 홈으로 쓰면서 2002년부터 2020년까지 한 시즌 20개 홈런을 한 번도 쳐본 적이 없지만 통산 홈런이 213개다. 통산 도루는 313개로 20개 이상의 도루를 7시즌 기록하였다. 한국프로야구에서 통산 200-200은 박재홍과 박용택 2명이다.

20-20클럽에 3번 이상 가입한 박재홍, 양준혁, 이종범 외에 20-20 클럽에 2번 가입한 선수는 홍현우, 데이비스 등 8명의 선수가 있다.

30-30클럽

연도	이름	팀	홈런	도루
1996	박재홍	현대	30	36
1997	이종범	해태	30	64
1998	박재홍	현대	30	43
1999	홍현우	해태	34	31
1999	데이비스	한화	30	35
1999	이병규	LG	30	31
2000	박재홍	현대	32	30
2015	테임즈	NC	47	40

20-20 2번 이상 가입선수

이름	팀	연도	비고
박재홍	현대	1996, 1997, 1998, 2000	
양준혁	삼성, 해태	1996, 1997, 1999. 2007	
이종범	해태	1996, 1997, 2003	
홍현우	해태	1997, 1999	
데이비스	한화	1999, 2000	
송지만	한화	1999, 2000	
클락	한화, 히어로즈	2008, 2009	
최정	SK	2012, 2013	
나바로	삼성	2014, 2015	
손아섭	롯데	2017, 2018	
김하성	넥센	2016, 2020	

연속시즌 100안타는 꾸준함과 성실함의 상징

프로에서 주전선수가 한 시즌 빠지지 않고 꾸준히 출장하면 타율이 2할 초반이라도 100안타는 칠 수 있다. 126경기 시절 1991년 쌍방울 신인 김호는 타격보다는 수비형 선수로 0.233의 타율이지만 103안타를 쳤다. 144경기가 되고 나서는 2020년 박찬호가 0.221타율에 106안타, 2021년 김상수는 0.233의 타율에 101안타 등 많은 선수들이 2할 초반의 타율에도 타석에서 기회만 많으면 100안타를 훌쩍 넘는다.

    그러나 이 100안타도 10년 연속으로 치는 것은 쉽지 않다. 감독이 경기에 출장시켜 줘야 하지만 꾸준함과 성실함이 있어야 하고 우발적인 부상이 없어야 한다. 장효조는 1983년 프로 입단 후 5년은 100안타를 꾸준히 쳤으나 1987년 시즌 후 연봉 협상 문제로 갈등을 겪었고, 이것이 1988년 성적으로 이어져서 89안타에 그쳤다.

    원조 통산 최다안타 김성한, 야구천재 이종범, 안타 제조기 이병규도 10년 이상 연속 100안타에서 이름을 찾을 수 없다. 김성한은 원년부터 1993년 11년 동안 규정타석을 채웠지만 4시즌은 90 몇 개의 안타를 쳤다. 원년은 80경기 97안타, 1984년 100경기, 1987년 108경기라서 부상 등의 공백이 생기면 100안타가 힘들었고, 1993년 마지막 규정타석 때 99안타에 머물렀다.

야구천재 이종범은 100안타가 4년 연속이 최고다. 1995년 방위복무로 홈경기밖에 출장할 수 없어서 78안타에 머물렀고, 2001년 일본에서 시즌 중 복귀하여 8월 2일 경기장에 나타났고, 64안타에 머물렀다. 1995년과 2001년의 여건만 된다면 10년 연속이 될 수 있었다. 2006년부터는 젊은 선수를 키우기 위해 젊은 선수를 자주 기용하는 등 경쟁에서 밀려 100안타가 끊겼다.

이병규는 1999년 64경기에서 100안타를 기록할 정도로 시즌 100안타 행진을 십년, 이십년 이어갈 것 같았지만 2003년 십자인대파열로 5월말 시즌을 마감하며 44경기에 머물러 13년 연속 100안타 기록이 나올 수 있었던 것이 끊겨 8년 연속이 개인 최고 기록이다.

100안타 최고 연속시즌 기록은 16시즌의 양준혁과 박한이다. 양준혁은 데뷔 1993년부터 2008년까지 한 번도 빠지지 않고 꾸준히 세 자리 안타를 쳤고, 선동열 감독이 아니었다면 기록을 더 넘을 수 있는 선수다. 양준혁도 위기는 있었다. 2002년과 2005년으로 2002년 삼성으로 돌아와서 슬럼프에 빠지며 9년 연속 3할 타율이 2할대로 떨어졌다. 108안타로 세 자릿수를 겨우 넘겼고, 2005년은 0.261의 타율로 103안타를 쳤다.

박한이는 2001년 신인 시절부터 김응용 감독이 될성부른 떡잎으로 보고 주전으로 점찍었으며, 4월 5일 한화 경기 개막전 1번 타자로 출전했다. 첫 타석 기습번트를 대고 헤드퍼스트 슬라이딩으로 살아 보통 선수가 아니라는 것을 알렸다. 첫해 117개의 안타를 쳤고 쭉 이어져 16연속 100안타 대기록을 세웠다. 양준혁, 심정수, 최형우, 배영섭, 박해민 같은 굵직한 선수와 강동우, 김종훈, 김대익, 강봉규 등 여러 외야수가 있었지만 경쟁에서 밀리지 않고 2009년을 제외하면 400타석 넘게 들어섰다.

꾸준히 해마다 100안타를 치기 위해서는 붙박이로 맡을 포지션이 있고, 만나는 감독도 중요하다. 젊은 선수 육성 위주로 가는 감독을 만나면 자신의 의지와 상관없이 타석에 들어서는 횟수가 줄어들게 마련이다. 1998년 플레이오프 2차전 외야 수비를 하다가 펜스에 부딪힌 강동우처럼 우발적인 부상이 생겨서 1, 2년을 통째로 쉬면 시즌 연속 100안타를 못이어 나갈 뿐만 아니라 복귀 후에도 경기감각이 떨어져 애를 먹는다.

신인부터 주전 1루수를 맡았던 이승엽은 일본 8년을 빼고 한국에서의 15시즌 모두 100안타를 치고 은퇴한 선수다. 삼성에 입단했을 때는 투수로 입단했으나 1995년 신인 시절부터 1루수 주전 자리를 꿰차고 1995년의 104안타가 이승엽의 시즌 최저 안타다.

성실함의 대명사 마해영도 1995년 신인 시절부터 전(全) 경기 출장에 131안타를 치며 그 후에도 꾸준했지만 2004년 기아로 이적한 후 2005년 시즌 중 2군으로 내려가서 뒷말이 나오며 1군에 복귀하지 못해 경기 출장 부족으로 90안타에 그치고 10년에서 끝났다.

은퇴 후 마해영은 자신이 국내 최고의 타자에서 흐름이 끊긴 것은 삼성에서 2003년 시즌 후 FA로 기아로 옮긴 것이 원인이고, 그것을 가장 크게 후회한다고 하였다. 그러나 젊은 선수를 밀어주는 선동열이 2005년 감독이 되었는데 36세의 미해영이 계속 붙박이가 될지는 물음표다.

양준혁과 박한이의 16년 연속 100안타 경신은 나이로 봐서 13년 연속 기록을 세우고 있는 손아섭과 김현수가 특별한 일이 생기지 않는다면 양준혁의 16년 연속 100안타 기록을 경신할 수 있을 선수로 보인다.

10년 연속 100안타 선수들

	이름	팀	시작	끝	비고
16년	양준혁	삼성 > 해태 > LG	1993	2008	
	박한이	삼성	2001	2016	
15년	이승엽	삼성	1995	2003	해외 2004~2011
		삼성	2012	2017	
14년	이대호	롯데	2004	2011	해외 2012~2016
		롯데	2017	2022	
13년	김태균	한화	2003	2009	해외 2010~2011
		한화	2012	2017	
	정근우	SK > 한화	2006	2018	
	최형우	삼성 > 기아	2008	2020	
	김현수	두산	2008	2015	해외 2016~2017
		LG	2018	2022	
	손아섭	롯데 > NC	2010	2022	
11년	황재균	롯데	2011	2016	해외 2017
		KT		2018	2022
10년	마해영	롯데 > 삼성 > 기아	1995	2004	
	장성호	해태	1998	2007	
	박용택	LG	2009	2018	

연속 시즌
3할 타자는
타격 달인의 상징

1980년대 장효조가 단골로 수위타자를 할 때 3할 타율을 몇 년 연속할지도 관심거리였다. 프로에 입단해서 규정타석 3할 타자가 한 번 되는 것이 그렇게 쉽지는 않다. 1990년 인천을 대표한다는 태평양, 현대의 중심타자 김경기는 3할 타자는 한 번도 되지 못했고 포수로 유명하지만 거포로 찬스에 강하다는 박경완도 0.295가 최고 타율로 3할 타자는 한 번도 되지 못했다.

그러나 프로에서 3할을 치는 것이 어렵지만 생각보다 많은 선수들이 한 번은 규정타석 3할을 쳤다. 1996년 규정타석 0.185를 기록하는 등 방망이는 약하다고 하는 박진만이 2001년 0.300, 김상수가 2020년 0.304로 3할 타율을 한 번은 기록했다. 그러나 아무리 강타자라도 꾸준하게 7년 연속, 8년 연속 3할 타자로 활약하기는 어렵다. 꾸준한 3할 타자를 한 선수를 살펴본다.

원조 타격왕 장효조는 7년 연속 3할 타자다. 1983년부터 1987년까지 5년 연속 3할 타자는 장효조의 실력으로 무난했다. 그러나 1988년 위기가 왔다. 연봉 협상 등으로 문제를 겪었고, 예전만 못했다. 시즌 중반까지 2할대에 머물렀다. 내야 플라이를 치자 해설자가 "예전의 장효조 같으면 안타인데 내야에 걸리네요."했다. 그러나 시즌 막판 회복하여 0.314의 타율로 시즌을 마감했고, 롯데로 트레이드된 첫 해도 가까스로 0.303의 타율을 기록하며 7년 연속 3할을 기록했다.

양준혁의 기록을 보면 9년 연속 3할 타자다. 그러나 한 가지 티가 있다면 프로 데뷔 2년째 0.299765지만 반올림하여 3할이다. 2001년 LG 시절 초반 부진해서 2군까지 내려갔다. 그러나 2군에서 돌아와서 불방망이가 살아났고, 자신의 선수 시절 최고타율 0.355를 기록했다. 삼성을 떠나 해태, LG를 떠돌다 2002년 10년째에 삼성에 돌아왔지만 3할을 기록하지 못하고 0.276의 타율에 머물렀다.

장성호도 9년 연속이다. 1998년부터 2006년까지다. 1996년 해태에 2차 지명 1순위로 입단할 만큼 기대주였다. 1998년부터 두각을 나타내면 한국을 대표하는 레전드 강타자가 되었다. 김성한 감독 시절 2001년 8월 중순까지 3할이 되지 않자 감독이 "너 왜 3할 못 치는 거야? 너 시즌 끝날 때 다 되어서 3할이면 연봉 다 뺏으라고 이야기한다."고 김성한 감독이 농담조로 말한 적이 있었다. 2001년 장성호의 타율은 0.311이다. 양준혁처럼 반올림 3할이 있는데 3할 연속 7, 8년째 2004년 0.299578, 2005년 0.299568이다.

손아섭은 9년 연속이다. 2010년에서 2018년까지다. 2007년에 입단한 손아섭은 2009년까지 경기 출장이 적었으나 낭중지추라는 말이 있듯이 입단 4년째인 2010년부터 고교시절의 재능이 나타나며 0.306을 기록하더니 2018년까지 3할이 이어졌다. 2019년 0.295의 타율로 아깝게 3할에 실패했다.

박용택은 10년 연속 3할 타자다. 2009년부터 2018년까지다. 2002년에 입단한 박용택은 2008년까지 7년 동안은 3할 타율이 한 번밖에 없었다. 2008년 부상과 투고타저의 영향이 있었지만 2할 5푼대 타자가 30이 넘어 타격에 눈을 뜨기 시작해 2009년 0.372의 타율로 수위타자가 되며 대기만성으로 불린다.

현대, 넥센, KT 유니폼을 입었던 유한준도 눈여겨볼 만하다. 유한준 하면 앞에 선수들에 비해 인지도는 떨어진다. 그러나 통산타율은 0.302로 값진 것은 34살의 나이에 처음으로 3할 타자가 되어 39세까지 6년 연속 3할 타자를 했다는 것이다. 대기만성하면 최동수가 유명하지만 유한준의 꾸준함은 더하다.

김현수는 2008년 데뷔 3년째부터 3할을 치며 2020년까지 3할 타자였다. 2016년과 2017년 볼티모어 시절을 빼면 11년이 되는데 2012년 0.291의 타율이 옥에 티다. 2012년에 3할을 쳤다면 우리나라에서 유일한 11년 연속 3할 타자다.

이외에 김태균은 2년 일본 시절을 빼면 10년 연속 3할 타자이고, 이정후는 데뷔부터 6년 연속 3할 행진을 하고 있으며, 2023년 시즌 후 포스팅 제도로 메이저리그 진출을 노리고 있다.

연속 3할 타자들

이름	팀	선수	연속3할	연도
김태균	한화	21년	10년	2008~2019
박용택	LG	21년	10년	2009~2018
양준혁	삼성 > 해태 > LG > 해태	18년	9년	1993~2001
장성호	해태 > 한화 > 롯데 > KT	20년	9년	1996~2015
손아섭	롯데 > NC	16년	9년	2010~2018
장효조	삼성 > 롯데	10년	7년	1983~1989
박건우	두산 > NC	14년	7년	2016~2022
김현수	두산 > LG	17년	6년	2013~2015 2018~2020
유한준	현대 > KT	17년	6년	2014~2019
박민우	NC	11년	6년	2015~2020
이정후	넥센	6년	6년	2017~2022

병살타
적게 치는 것도
실력이라고?

최다안타도 중요하지만 병살타가 적은 것도 하나의 재주로 인정해주여야 한다. 믿거나 말거나 전해오는 이야기지만, 무섭기로 유명한 어느 감독은 찬스 때 병살타를 치고 덕아웃에 들어오면 어떻게 한다는 이야기가 있었다. 1루에 주자가 있고, 타석에 들어선 선수가 내야땅볼을 쳐놓고 병살타는 면하려고 최선을 다해 뛰는 장면에 팬들은 박수를 쳐준다.

병살타도 영화나 드라마처럼 짜릿함이 있다. 점수를 내야 하는 원아웃 1루나 2루에서 병살타성 타구인데 1루에서 가까스로 살 때 안도의 한숨을 내쉬게 되고, 응원하는 팀이 점수를 주면 안 되는 원아웃 1, 3루에서 상대 타자가 유격수 땅볼을 쳐서 6-4-3 병살타로 이닝이 끝날 때의 그 기분을 야구팬이라면 알 것이다.

원년에는 OB 김우열이 255타석에서 한 개의 병살타도 없었다. 1983년은 MBC 김인식이 416타석, 2011년에는 이대형이 398타석에서 병살타가 한 개도 없었다. 위의 3명은 규정타석을 채우고 시즌 한 개의 병살타도 없는 선수들이다.

병살타는 역시 발이 느린 선수에게 많이 나온다. 원년에는 이만수가 13개로 병살타를 가장 많이 쳤다.

병살타 비율이 가장 낮은 선수는 통산 도루 1위의 전준호다. 전준호는 통산 8,000타석 넘게 들어서서 병살타는 54개다. 19년 선수생활을 계산해보면 한 시즌 병살타가 3개도 안 된다는 계산이 나온다. 전준호에게 병살타가 제일 낮은 비결이 무엇인지 인터뷰한다면 빠른 발, 최선을 다한 주루플레이라고 할 것이다.

야구를 신성하게 여긴다는 장효조 역시 병살타 비율이 3위에 올라와 있다. 31개의 병살타면 장효조가 10년 그라운드를 누볐으므로 시즌 평균 3개의 병살타를 쳤다는 이야기인데 올드팬이라면 1980년대 장효조가 병살타 치는 장면은 떠올리기 쉽지 않을 것이다.

최다 병살타 1위는 이대호다. 8,128타석에서 239개의 병살타를 치며 34타석에서 1개의 병살타를 쳤다. 2022년 시작되기 전 이대호의 병살타는 213개였다. 2021년까지 통산 최고 보유자 홍성흔보다 17개가 적었다. 그러나 은퇴를 선언한 2022년 자신의 선수시절 시즌 최고 병살타 26개를 치며 통산 최다 병살타 선수로 이대호의 이름을 올리게 되었다. 그 전 몇 년 동안은 홍성흔이 통산 230개의 병살타로 최다 병살타로 이름이 올라왔지만 홍성흔은 최다 병살타보유자에서 벗어나게 되었다.

병살타 비율이 낮은 선수 20걸을 보면 모두 발이 빠르다고 소문난 선수들이고 '악바리'라고 불리던 선수들이 많다. 이정훈, 이종욱, 김광림, 이용규는 기사에 악바리로 자주 등장하는 선수들이고, 나머지 선수들도 승부근성이 뛰어난 선수들이다.

병살타 비율이 낮은 의외의 선수는 12위에 올라 있는 이성열이다. 이성열은 18시즌 동안 10개 도루도 한 번 못해본 선수다. 대신 이성열은 삼진아웃 비율이 높은 선수다. 삼진으로 끝나니까 병살타 확률이 줄어들었는지 모른다.

2,000타석 기준으로 병살타가 가장 많은 선수는 용병 페르난데

스다. 24.5타석에서 1개의 병살타를 치는 선수로 평균 6경기에 1개의 병살타가 나왔다. 페르난데스는 4시즌 동안 6번 도루를 시도해서 1개의 도루 기록을 갖고 있는 선수로 발이 느린 선수다. 그 다음이 홈런은 100개를 친 윤석민이고, 2014년 4할 타율에 도전한 적이 있는 이재원이다. 윤석민, 이재원 모두 발이 느린 선수들이다.

　4위는 김종모다 김종모가 발이 느린 선수라는 이야기는 없었고 뛰어다녀야 하는 외야수로 10년 활약한 선수다. 30여 년 전 메이저리그에는 타율이 좋은 선수가 오히려 잘 맞은 타구가 야수 정면으로 많이 가서 병살타도 제일 많다는 이야기가 있었는데, 김종모도 1983년에는 장효조와 타격왕 경쟁을 벌일 정도로 기술 타격으로 유명한 선수였다.

　한국시리즈에서 동점, 역전 찬스에서 병살타로 끝난 경기도 있다. 2008년 한국시리즈 두산은 1승 3패 5차전 0:2로 뒤진 9회 말 무사 만루까지 만들었고, 원아웃 되고 난 후 타석에 들어선 어느 선수가 투수 앞 병살타를 쳐서 한국시리즈가 그대로 끝나 버렸다.

통산 병살타 적은 선수 (3,000타석 이상)

	이름	주요팀	연도	타석	병살타	타석당
1	전준호	현대	1991~2009	8,158	54	151
2	조동화	SK	2001~2016	3,513	29	121
3	장효조	삼성	1983~1992	3,632	31	117
4	구자욱	삼성	2012~	4,224	37	114
5	이대형	LG	2003~2019	5,683	50	113
6	이정훈	빙그레	1987~1997	3.512	34	103
7	박해민	삼성	2012~	5,209	51	102
8	최태원	SK	1993~2003	4,884	51	95
9	이종욱	두산	2003~2018	5,764	61	94
10	김광림	OB	1984~1999	5,462	58	94
11	나성범	NC	2013~	5,412	63	85
12	이성열	한화	2004~2021	4,710	55	85
13	유지현	LG	1994~2004	4,865	57	85
14	박노준	OB	1986~1997	3.280	39	84
15	김대익	롯데	1996~2007	3,834	46	83
16	이용규	기아	2004~	8,025	98	81
17	오지환	LG	2009~	6,409	80	80
18	서건창	넥센	2008~	5,206	65	80
19	김상호	OB	1988~2000	4,775	61	78
20	김재박	MBC	1982~1992	4,070	53	76

재일교포
타자들

재일교포 타자는 투수와 비교하면 대형선수로 활약한 경우가 없는 편이다. 홈런, 타점, 타율을 휩쓸거나 발이 매우 빨라 시즌 40개 도루의 선수는 없었다. 용병 우즈나 테임즈 같은 화려한 선수는 나오지 않았다. 그러나 타격왕 타이틀에 도전했던 선수는 홍문종, 고원부, 김실 3명이 있었다.

　1984년 이만수와 수위타자 경쟁을 벌였던 홍문종, 1989년 신인 강기웅과 경쟁했던 수위타자 고원부가 있다. 김실은 삼성에서 2년 있다가 방출된 후 1996년 쌍방울에서 전반기에는 타격 1위 자리를 지키며 화제가 되었다. 후반기에 타율이 내려가며 0.291로 10위를 했지만 팀에서 필요 없다고 방출된 선수가 전반기 타격 1위를 차지하고 있으니 화제 거리였다.

　삼성을 제외하고는 재일교포 타자 한 명씩은 팀에서 한 자리 역할을 하였다. 해태 포수 김무종, 롯데 외야수 홍문종, 삼미 내야수 이영구, MBC 내야수 유고웅, OB 내야수 송재박. 삼성은 이만수 백업포수라는 송일수와 김실이 있지만 김실은 한 시즌 92개의 안타, 0.270대의 타율로 활약했다고 보기 어렵고, 송일수도 수비 형 포수로 타격기록이 시즌 평균 30개의 안타도 되지 않는다.

　첫해 0.339의 타율과 9연타석 고의4구 기록을 갖고 있는 홍문종은 1984년 첫해 이만수와 타격왕 경쟁으로 유명하고 1984년부터 3년은 롯데 팀에서 안타가 가장 많은 중심타자였다. 7시즌 동안 통산 161개의 도루를 하며 한 시즌 평균 23개를 도루한 준족으로 1984년은 이해창과 공동 도루 2위, 1986년도 도루 2위를 하는 발이 빠른 선수였다.

고원부는 1989년 재일교포 타자로는 유일하게 타이틀인 타격왕을 차지하였다. 1984년 삼성 이만수와 재일교포 롯데 홍문종이 막판까지 타격왕 경쟁을 벌일 때 삼성 감독이 김영덕이었는데 1989년 빙그레 고원부와 삼성 강기웅도 막판까지 타격왕 경쟁을 벌일 때는 빙그레 감독이 김영덕이었다. 김영덕 감독이 계산기를 두드리는 모습이 화면에 잡혔다. 고원부는 1986년부터 7년 동안 머물면서 이듬해부터 3년 동안 자신의 전성기로 이강돈, 이정훈, 강정길과 타선을 구축하여 신생팀 빙그레가 강팀이 되는 데 한몫을 했다.

김무종은 재일교포 중 유일하게 포수로 이름을 남긴 선수다. 홍문종과 함께 재일교포 선수 중 3번이나 올스타전 스타팅 멤버로 출전하여 1986년 3타수 2안타 1홈런 3타점으로 유일하게 재일교포 MVP가 되었다. 수비 형 포수로 평가받고 있으며 1983년에서 1988년까지 해태 유니폼을 입고, 첫해는 0.262의 타율에 홈런이 12개였다. 유승안, 장채근을 제치고 1987년까지 해태의 주전포수였다.

재일교포 타자 (100안타 이상 선수들)

이름	팀	연도	경기	타수	안타	타율	홈런	타점	도루
김무종	해태	1983~1988	445	1357	326	0.240	41	192	4
홍문종	롯데	1984~1990	694	2434	672	0.276	43	258	161
고원부	빙그레	1986~1992	594	1881	526	0.280	37	245	52
김실	쌍방울	1994~2000	686	1938	511	0.264	9	192	36
송재박	OB	1988~1991	248	654	177	0.271	16	95	5
이영구	삼미	1983~1985	277	992	268	0.270	13	104	13
정문언	태평양	1991~1992	192	552	158	0.286	13	57	2
유고웅	MBC	1985~1988	336	1024	251	0.245	11	91	43

용병타자들,
다양성과 볼거리에
한몫

한국프로야구는 용병(傭兵) 타자가 들어와서 더욱 다양해지고, 볼거리도 늘어났다. 특징을 가지고 있는 용병은 용병이 시작되고부터 나오기 시작했다.

용병 첫해 1998년 이승엽 홈런신드롬 때 이승엽의 꿈에 나타난다는 이야기가 있었던 우즈, 화끈한 타격의 선수를 찾기 힘들었던 롯데에 30개 넘는 홈런을 때리며 롯데 팬에게 큰 영웅대접을 받았던 호세, 타격과 수비는 미숙했지만 외야수가 앞으로 달려와서 잡는 얕은 외야플라이 희생플라이도 홈에서 세이프가 될 정도로 발 하나는 기가 막히게 빨랐고, 사이버에서 야구선수가 아니라 육상선수라는 유언비어가 나왔던 삼성 빌리홀, 실력은 좋지만 경기 중 비매너와 코믹으로 한 번씩 기사에 나오던 로마이어. 육중한 몸으로 외야 수비에서 다이빙캐치를 했던 삼성 스미스. 메이저리그에서도 특이한 타격 폼 순위에 들어가는 메이저리그 아메리칸리그 타격왕 출신 삼성의 프랑코 등.

용병 타자에게 기대하는 것은 보통 홈런이다. 대부분의 팀이 거포 용병 타자를 데려오려고 한다. 1998년 처음 용병이 들어왔을 때 시즌 전 가장 스포트라이트를 받은 선수는 한화이글스의 부시다. 그러나 부시는 공갈포라는 소리를 들으며 홈런은 10개였고, 타격이 부진해서

76경기 출장에 그쳤다. 공갈포 소리를 듣던 부시의 경기출장 여부를 놓고 강병철 감독과 구단이 마찰을 빚었다고 한다.

  1998년 거포는 의외의 선수가 등장했다. 덩치는 커지만 트라이아웃 캠프에서 OB가 캐세레스 다음으로 뽑은 흑곰 우즈가 42개의 홈런으로 장종훈 기록을 6년 만에 경신하였다. 2002년까지 5년 동안 174개의 홈런을 치며 용병 통산 홈런 최다 보유자다. 우즈 다음에는 2017년부터 5년 동안 SK, SSG유니폼을 입었던 로맥의 155개, 3위를 2017년부터 4년 동안 KT 유니폼을 입은 로하스의 132개다.

  1999년이 되고 부시와 비슷한 이미지의 같은 팀 한화 로마이어는 45개의 홈런을 치며 기대에 부응했고, 초반에 부진해서 삼성에서 퇴출을 고민했던 스미스는 어느 순간 실력이 나오더니 40개의 홈런을 때렸다.

  그러나 40개 홈런을 친 용병은 생각만큼 많이 나오지는 않았다. 2002년 SK 페르난데스 45개, 2015년 나바로 48개, 테임즈 47개, 2016년 테임즈 40개, 2018년 KT 로하스 43개, SK 로맥 43개, 2020년 로하스 47개로 10번이다. 30개 홈런은 무난하지만 용병이라도 40개 홈런은 한계가 있는 모양이다. 1998년 이후 용병 홈런왕은 1998년 우즈 2016년 테임즈, 2020년 로하스. 25년 동안 3번밖에 나오지 않았고 홈런 50개 친 용병은 아직 없다.

  용병 통산안타로 넘어가서 이야기하면 가장 오래 머무르며 최다 안타를 친 용병은 한화에서만 7년 몸담은 데이비스다. 데이비스 하면 새까만 피부에 왼쪽타석과 중견수 수비를 맡은 다혈질 선수로 추억을 불러일으키는 선수다. 3,000타석 넘는 타석에 들어서며 979개의 안타를 쳐서 1000안타에 21개가 부족했다. 데이비스의 이 안타 기록은 1980년대 MBC청룡의 최고스타 김재박의 972개보다 7개가 많고, 1980년대를 주름잡던 간판타자 이광은 929개, 김종모 815개보다 훨씬 많다.

10년 프로 생활한 김재박은 966경기에 출장하고, 4,070타석에 들어섰는데, 데이비스는 836경기에 출장해 3,552 타석에 들어섰다.

데이비스에 이어 통산 2위는 두산 페르난데스다. 2019년부터 지명타자로 나온 페르난데스는 4년 동안 통산 도루 1개, 홈런 57개로 거포는 아니지만 2019년 197안타, 2020년 199안타로 최다 안타왕을 차지하며 용병이 시즌 최다 안타왕이 된 것은 페르난데스가 유일하다. 2번 타자로 많이 나오며 요즘 야구계에서 유행하는 강한 2번 타자 이론을 보여주고 있다.

6년 머문 브리또는 2002년에서 2005년까지 SK, 삼성, 한화 세 개 팀 유니폼을 입었고 683개의 안타로 용병 통산 안타 3위다. 100홈런을 훌쩍 넘었다. 브리또가 인기가 많았던 이유는 시즌 20개 안팎의 홈런으로 호쾌한 타격이 있었지만 드문 공격형 유격수였기 때문이다. 2002년 유격수 중 유일하게 용병 골든글러브 수상자다.

장타력, 그 다음 공격형 내야수 보강에 초점을 맞추다보니 특별한 기동력을 가진 용병은 1999년 삼성 홀 외에는 눈의 띄지 않았다. 용병들 중 시즌 40도루는 홀과 테임즈 2명이다. 용병 통산 도루 순위는 데이비스 108개, 마르티네스 77개, 테임즈 64개 순이다. 데이비스는 첫 20-20 가입 용병으로 정확한 기록은 30-35로 30-30클럽가입 선수다. 삼성에서 2001년 1번 타자감으로 데려온 마르티네스는 6번으로 뛰면서 홈런도 25개를 쳐 25-28로 용병 두 번째 20-20선수이고, LG로 이동해서도 1번 타자보다는 클린업에 들어가 2002년 홈런15개, 도루 22개, 2003년 홈런 17개, 도루 27개를 기록했다.

용병 최다안타

	이름	팀	기간	타수	안타	타율	홈런
1	데이비스	한화	1999~2002 2004~2006	3,130	979	0.313	167
2	페르난데스	두산	2019~	2,206	723	0.328	57
3	브리또	SK	2000~2005	2,343	683	0.292	112
4	우즈	OB	1998~2002	2,624	655	0.294	174
5	로하스	KT	2017~2020	1,971	633	0.321	132
6	로맥	SK	2017~2021	2,231	610	0.273	155
7	브룸바	현대	2003~2004 2007~2009	1,971	590	0.299	116
8	테임즈	NC	2014~2016	1,351	472	0.349	124
9	러프	삼성	2017~2019	1,493	467	0.313	86
10	필	기아	2014~2016	1,397	442	0.316	61
11	가르시아	롯데〉한화	2008~2011	1,624	428	0.264	103
12	호세	롯데	1999, 2001 2006~2007	1,330	411	0.309	95
13	터커	기아	2019~2021	1,367	388	0.284	50
14	호잉	한화	2018~2021	1,388	383	0.276	63
15	마르티네스	삼성	2001~2003	1,374	380	0.277	57
16	피렐라	삼성	2021~	1,114	350	0.314	57
17	클락	한화	2008~2010	1,305	349	0.267	58
18	로마이어	한화	1999~2001	1,165	337	0.289	85
19	버나디나	기아	2017~2018	1,070	337	0.315	47
20	로사리오	한화	2016~2017	937	309	0.330	70

포스트시즌
타자들의
가을 체질

한국시리즈 최다승 투수 해태 김정수와 문희수처럼 포스트시즌에 특히 강하거나 타율이 좋은 타자들도 있다. 장효조, 이정훈, 서정환, 전상렬이다. 장효조, 이정훈은 정규시즌에도 알아주는 타자였고, 서정환과 전상렬은 포스트시즌이 되면 한 번 날뛰어주는 선수였다.

반대로 양준혁은 1993년 신인 시절 괴물타자로 등장했으나 한국시리즈에서 25타수 4안타. 정규시즌 0.341의 타율이 플레이오프에서는 0.154, 한국시리즈에서는 0.160이었다. 특히 점수를 반드시 내야 하는 찬스 때 모두 범타로 물러났다. 이 때문에 1990년대 양준혁은 영양가 없는 타자라는 말을 수없이 들어야 했고 양준혁을 평가할 때 찬스에 약하다는 이미지로 흠이 되었다. 이 말은 2000년대가 되어서야 사라진 듯하다. 양준혁의 포스트시즌 통산타율은 0.258이다.

최고의 타자 장효조는 포스트시즌에서도 타율이 좋다. 통산타율이 0.330고, 포스트시즌 통산타율은 103타수 37안타 0.359이다. 좋은 성적에도 포스트시즌 장효조를 기억하지 못하는 것은 장효조가 삼성 유니폼을 입었던 1984년, 1986년, 1987년 한국시리즈에서 삼성이 우승하지 못했고, 1988년도 플레이오프에서 빙그레에게 3연패로 탈락했으며,

장효조가 김유동, 유두열처럼 결정적일 때 타석에 들어서거나, 중요할 때 한 방 쳐주는 장면이 별로 없었기 때문이다. 그래도 인상적인 장면은 1986년 플레이오프 5차전 4:3으로 1점 아슬아슬하게 앞서던 7회 홈런 한 방이 있었다. 삼성은 5차전 승리로 한국시리즈에 진출했다.

　　1980년대 후반과 1990년대 초반 타격으로 한국프로야구를 주름잡았던 이정훈은 포스트시즌 타율이 122타수 43안타 0.352의 타율이다. 정규시즌 타율보다 훨씬 높다. 특히 1992년 정규시즌 0.360의 타율로 수위타자를 차지했고, 포스트시즌에서도 20타수 10안타의 맹타를 휘둘렀다. 그러나 이정훈이 빙그레 유니폼을 입고 있을 때 팀이 한국시리즈에 1988년, 1989년, 1991년, 1992년 4번 올라갔지만 한 번도 우승을 하지 못해 이정훈의 활약은 임팩트를 주지 못했다. 이정훈이 빙그레 유니폼을 입었을 때 4번 한국시리즈 통산 성적은 4승 16패로 우승을 하고 우승에 도움을 주는 이정훈의 뭔가가 있어야 하는데 팀 우승이 없으므로 팬들은 포스트시즌의 특별한 타자로 기억하지 못한다.

　　정규시즌에 비해 의외로 포스트시즌에 대활약한 선수는 통산타율 0.267의 서정환이다. 포스트시즌에서는 통산 81타수 29안타 0.358의 타율이다. 1988년 한국시리즈에서는 18타수 9안타의 맹타를 휘둘렀다.

　　또 한 명의 선수는 통산타율이 0.250이 되지 않는 전상렬인데, 포스트시즌에는 84타수 30안타 0.357이다. 김인식 감독을 만나고 늦게 꽃을 피운 전상렬은 2005년 플레이오프 MVP가 되었고, 37세의 나이로 선수 말년 2008년 플레이오프에서도 13타수 4안타 0.308의 타율을 기록했다.

　　이 외에 이대호 85타수 29안타 0.341, 장성호 77타수 25안타 0.325로 이름값을 하였으나 이만수는 206타수 53안타 0.257, 김기태는 113타수 26안타 0.230, 이승엽 227타수 57안타 0251로 이름값에 못 미쳤다. 김성한 185타수 53안타 0.286, 이병규 77타수 22안타 0.282이다.

단일 포스트시즌 기간 최다안타는 1995년 한국시리즈에서 김민호의 12안타이다. 7차전까지 갔으니까 나왔지만 타율이 무려 0.387이다. 김민호도 앞의 서정환, 전상렬처럼 포스트시즌에 날뛰는 선수로 99타수 32안타로 0.323의 타율 기록을 갖고 있다.

한국시리즈 때문에 '가을까치'가 된 투수 김정수처럼 타자에서는 '가을의 사나이' 박정권이 있다. 박정권은 김정수의 한국시리즈 최다승 같은 최다기록은 없지만 2009년 플레이오프 MVP, 2010년 한국시리즈 MVP를 하는 등 포스트시즌만 되면 인상적인 플레이를 펼쳤다. 2009년 플레이오프에서 홈런 3개, 한국시리즈 홈런 2개, 한 시즌 포스트시즌 총 5개의 홈런을 쳤으니 '가을의 사나이'라고 불릴만하다. 포스트시즌 통산 타율은 0.296이지만 홈런 11개를 치며, 홈런부문에서 왕년의 홈런왕들 14개 이승엽, 13개 우즈, 12개 최정, 박병호 다음으로 5위에 이름이 있다.

포스트시즌 통산타율 (100타석 이상)

	이름	팀	타수	안타	타율	홈런	도루
1	장효조	삼성 〉 롯데	103	37	0.359	2	8
2	이정후	키움	131	47	0.359	2	5
3	전준우	롯데	95	34	0.358	4	2
4	이정훈	빙그레	122	43	0.352	3	4
5	송성문	넥센	108	38	0.352	3	
6	김주찬	롯데	138	46	0.333	2	6
7	허경민	두산	222	72	0.324	1	10
8	김민호	두산	99	32	0.323		10
9	나성범	NC	140	45	0.321	6	
10	손아섭	롯데	106	34	0.321	3	3
11	정수근	두산 〉 롯데	132	42	0.318		10
12	채은성	LG	97	30	0.309	4	
13	김재현	LG 〉 SK	206	63	0.306	9	2
14	이지영	삼성 〉 키움	128	39	0.305		3
15	안경현	두산 〉 SK	168	51	0.304	8	1
16	페르난데스	두산	99	30	0.303	4	
17	손시헌	두산	213	64	0.300	2	
18	고동진	한화	90	27	0.300	2	7
19	오재원	두산	291	87	0.299	4	16
20	한대화	해태 〉 LG	189	56	0.296	8	3
20	박정권	SK	189	56	0.296	11	5

사이클링히트는
신의 한 수일까?

사이클링히트는 한 경기에서 한 선수가 1루타, 2루타, 3루타, 홈런을 모두 치는 것이며 이것이 높이 평가받는 까닭은 한 경기에서 4안타 치는 것도 매우 힘든데 4안타를 종류별로 다 치기 때문이다. 사이클링히트를 하는 데 가장 어려운 것은 3루타다.

전준호, 이대형, 정수빈, 이용규는 통산 3루타가 60개 넘는 선수들이다. 그러나 홈런이 어려운 선수들이다. 이대호, 박병호는 통산 홈런이 300개 넘는 선수들이다. 그러나 3루타가 어려운 선수들이다. 이것이 사이클링히트의 가치다. 이대형이 쉽게 홈런치고, 이대호가 쉽게 3루타를 만든다면 사이클링히트를 언론에서 잔뜩 띄워주겠는가. 그래서 41년 동안 29번의 사이클링히트가 빛나는 것이다.

우리나라를 대표하는 호타준족 3인방 양준혁, 이종범, 박재홍 중에서 사이클링히트는 양준혁만 기록했다. 그것도 유일하게 국내선수로는 2번이고, 용병은 테임즈가 2015년 한 달 차이로 2번 기록했다. 박재홍은 1996년 데뷔 시즌 4월 16일 한화 경기에서 얼마 안 된 신인이 홈런, 3루타, 2루타를 순서대로 쳤다. 그러나 8회 마지막 타석에서 볼넷을 얻었다.

똑딱이들 중에서도 사이클링히트가 나왔다. 주인공은 전준호다.

전준호는 홈런 42개로 다른 똑딱이 이대형, 이용규에 비해 홈런은 많은 편이라서 유리했다.

사이클링히트를 다른 선수들에 비해 편하게 했던 선수는 1992년 OB 임형석이다. 순서가 3루타, 홈런, 2루타, 1루타다. 가장 어려운 3루타를 먼저 치고, 홈런, 남은 것은 2루타와 1루타인데 2루타를 치니까 편하게 1루타를 칠 수 있었을 것이다. 2022년 5월 28일 잠실 LG 삼성 경기에서 박해민은 안타, 홈런, 3루타를 쳤으나 2루타를 치지 못해 사이클링히트에 실패했다.

최초 사이클링히트는 1982년 삼성 오대석이 기록했다. 오대석은 10년 동안 통산 3루타가 7개이고, 도루는 41개일 정도로 준족과는 거리가 먼 선수다. 1982년 시즌 한 개의 3루타를 쳤는데 그날 3루타를 쳤을 때 홈런, 1루타, 2루타를 몰아치며 첫 번째 사이클링히트 주인공이 되었다. 그러나 오대석 이후 2번째 사이클링히터가 나오기까지는 5년이 걸렸다. 1980년대 3번, 1990년대 5번, 2000년대 6번 2010년대 이후 절반 넘게 사이클링히트가 나왔다.

사이클링 히트 선수들

	이름	팀	연도		이름	팀	연도
1	오대석	삼성	1982	16	오재원	두산	2014
2	이강돈	빙그레	1987	17	테임즈	NC	2015
3	정구선	롯데	1987	18	테임즈	NC	2015
4	강석천	빙그레	1990	19	김주찬	기아	2016
5	임형석	OB	1992	20	박건우	두산	2016
6	서용빈	LG	1994	21	최형우	최형우	2016
7	김응국	롯데	1996	22	서건창	넥센	2017
8	양준혁	삼성	1996	23	정진호	두산	2017
9	마르티네스	삼성	2001	24	버나디나	기아	2017
10	전준호	현대	2001	25	로하스	KT	2018
11	양준혁	삼성	2003	26	김혜성	키움	2020
12	신종길	한화	2004	27	오윤석	롯데	2020
13	안치용	LG	2008	28	양의지	NC	2021
14	이종욱	두산	2008	29	이정후	키움	2021
15	이병규	LG	2013				

실책은
병가지상사(兵家之常事)?

실책하지 않는 선수는 아무도 없다. 수비의 귀재라고 하는 선수들도 실책은 반드시 있다. 1980년대 배대웅, 김재박, 류중일과 1989년에 입단한 강기웅에게 '그림 같은 수비', '눈 감고도 잡는다.'는 말을 쉽게 하였다. 그러나 배대웅 20개, 김재박 135개, 류중일 127개, 강기웅 49개의 통산 실책이 기록되어 있다. 내야수들이 실책하는 것을 갖고 알까기한다고 비꼬기도 하지만 오히려 수비 잘한다는 소리를 듣는 선수들이 실책에서도 상위에 올라와 있는 편이다.

예를 들어 유격수와 3루수 사이의 깊숙한 곳에 떨어진 강한 타구를 수비범위가 좁은 유격수는 타구 근처에 가지도 못하는데 수비범위가 넓은 이종범이나 김재박이 타구를 쫓아가서 글러브에 공이 맞고 튕겨나갔다면 실책으로 기록된다. 그렇다면 이종범이 수비 범위가 좁은 유격수보다 못한다고 할 수 있을까?

실책이라는 것은 아무리 잘하는 선수도 그날 컨디션이 좋지 않거나 순간적으로 신체를 잘못 움직여 쉽게 처리할 수 있는 것을 실책할 때도 있다. 그래서 "아! 김재박답지 않습니다." 하는 해설자의 볼멘 멘트를 들을 때가 있다.

실책은 기록원의 생각에 따라 좌우될 때도 있다. 1995년 양준혁의 기록원실 문 사건은 유명하다. 양준혁의 안타 성 타구에 대해 기록원은 실책이라고 생각해 실책으로 기록하자 화가 난 양준혁과 기록원 사이에 벌어진 일이다. 그보다 앞선 1980년대 어느 경기에서 투수의 키를 넘기는 김재박의 땅볼 타구가 점프하는 투수 글러브 제일 끝부분을 맞고 넘어가자 실책으로 기록하였다. 김재박은 항의하지 않았고, 아나운서가 김재박이 안타 한 개를 잃었다고 동정하는 것으로 마무리되었다.

실책 숫자를 보면 내야와 외야의 특징이 있고, 내야수 실책을 알까기라고 부르는데 내야수에서도 1루수와 유격수는 많이 다르다. 한 시즌 풀로 뛰는 선수를 보면 내야는 보통 10개 이상, 외야는 5개 안팎으로 실책을 한다. 내야에서 1루는 10개 이하고, 유격수와 3루수는 10개를 넘는다.

특히 유격수 실책 20개는 예삿일이다. 유격수 수비를 대표했던 선수들은 류중일을 제외하고 김재박 1번, 이종범 2번, 김민호 2번, 유지현 3번, 박진만 3번, 강정호 1번, 김하성 4번의 한 시즌 20개 이상 실책을 기록했다. 장종훈은 수비에서 유격수로 데뷔해서 1990년까지 4시즌 뛰면서 1987년 26개, 1988년 21개의 많은 실책을 기록했으나 1991년부터 1루수가 된 후부터는 두 자릿수 실책이 한 번도 없었다.

2루수는 유격수와 3루수에 비해서는 실책이 적은편이다. 시즌 실책 20개까지는 찾기 어렵다. 2007년 정근우는 20개의 실책이 기록되어 있지만 유격수로도 출장하였다. 2루수 통산 최고 실책은 173개의 정근우이고, 그 뒤를 166개 박종호, 161개 박경수다. 실책은 많지만 정근우와 박종호는 레전드 2루수로 내려오고 있다.

강한 타구가 많이 날아와서 핫코너라고 불리는 3루수도 유격수 다음으로 실책이 많은 자리다. 3루수 정성훈이 통산 최다실책 4위에 올라 있다. 3루수는 유격수에 비해 한 시즌 실책 20이 그렇게 많지 않다.

한 시즌 3루수로 20개 이상 실책을 기록한 선수는 삼성에서 활약한 김용국 2번, 한대화가 OB에서 1번, 해태에서 1번, 송구홍 LG 시절 2번, 황재균이 1번 기록했다. 이광은, 김한수, 김동주, 박석민, 최정은 실책이 20개를 넘은 적이 한 번도 없다.

통산 실책 10걸을 봐도 유격수와 3루수가 다 차지하고 있으며, 다른 포지션은 찾을 수 없다. 유격수가 풀 시즌을 뛰고 실책 한 자릿수는 대단한 것이다. 원조 김재박은 풀 시즌을 뛰면서 실책이 한 자리였던 적은 한 번도 없었다. 1993년 류중일은 107경기에 출장해 444타석에 들어서던 시절 8개의 실책을 기록했는데 수비 범위도 넓은 유격수가 이만하면 대단한 기록이다.

김혜성은 2021년 35개의 실책을 하였다. 이범호는 2004년 30개의 실책을 하였다. 김혜성은 2루수였는데 김하성이 샌디에이고로 가자 2021년 유격수를 맡으면서 시즌 최다 실책에 이름이 올라갔다. 2022년 2루수로 돌아가면서 실책이 11개로 줄었다. 3루수 이범호는 2004년 유격수로 많이 출장하며 실책이 30개까지 되었지만 붙박이 3루수가 되면서 실책이 시즌 최고 15개 이하가 되었다.

실책을 많이 한다고 수비를 못하는 것은 아니다. 통산 최다실책 1위 김민재는 통산 타율은 0.250이 안 되지만 유격수 수비로 FA이적을 두 번 한 선수다. 김재박, 류중일, 이종범으로 우리나라 최고 유격수 계보 이야기를 할 때 늘 들어가는 박진만은 240개로 통산 실책 2위다. 몇몇 야구인들로부터 최고 3루 수비로 평가받는 최정은 실책이 184개다.

외야수를 봐도 이순철은 1986년 중견수로 변신한 첫해 외야수로는 많은 10개의 실책을 하였고, '날쌘돌이'라고도 불리는 정수근은 통산 실책이 61개다.

통산최다실책

	이름	팀	연도	실책	수비
1	김민재	롯데 〉 SK 〉 한화	1991~2009	264	유격수
2	박진만	현대 〉 삼성 〉 SK	1996~2015	240	유격수
3	오지환	LG	2009~	226	유격수
4	정성훈	해태 〉 현대 〉 LG 〉 기아	1999~2018	220	3루수
5	황재균	현대 〉 롯데 〉 KT	2007~	214	3루수
6	최정	SK	2005~	184	3루수
7	홍현우	해태 〉 LG 〉 기아	1990~2005	183	3루수
8	김상수	삼성	2009~	177	유격수
9	한대화	OB 〉 해태 〉 LG 〉 쌍방울	1983~1997	176	3루수
10	이범호	한화 〉 기아	2000~2019	175	3루수
10	김호	쌍방울 〉 해태 〉 두산	1991~2002	175	유격수
12	정근우	SK 〉 한화 〉 LG	2005~2020	173	2루수
13	이종열	LG	1991~2009	168	3루수
14	박종호	LG 〉 현대 〉 삼성 〉 LG	1992~2009	166	2루수
15	박경수	LG 〉 KT	2003~	161	2루수
16	박기혁	롯데 〉 KT	2000~2018	160	유격수
17	박석민	삼성 〉 NC	2004~	159	3루수
18	강석천	빙그레	1989~2003	157	3루수
19	이원석	롯데 〉 두산 〉 삼성	2005~	152	3루수
20	김민호	OB	1993~2003	148	유격수

한국프로야구 투수 기록들

최다승 투수의
계보

투수 개인에게 승리투수 기록은 매우 중요하다. 인터뷰에서 다승보다 방어율을 중요하게 생각한다는 투수가 있지만, 만일 1점대 방어율인데 7승 12패라고 하면 만족할 수 있을까. 생각이 아주 특별하지 않고는 불만이 많을 것이다. 투수에게는 방어율만큼 승리도 따라줘야 기분이 나는 법이다.

TV중계를 보면 선발투수가 호투하고 뒤에 불펜투수들의 방화로 점수를 지키지 못해 승리투수가 되지 못할 때 경기가 끝난 후 그날 선발투수의 표정이 TV화면에 자주 비쳐진다. 표정관리를 잘하는 투수도 있고, 감정이 얼굴에 나타나는 투수도 있지만 속마음은 비슷할 것이다. 1997년부터 2년 동안 마무리에서 붙박이 선발투수가 된 김용수는 경기 중 어떨 때 기분이 안 좋으냐고 물으니 자신이 잘 던져 놓고 내려갔는데 후배들이 못 던져 승리투수가 되지 못했을 때 기분이 안 좋다고 이야기하였다.

승리투수가 되는 것은 혼자만 잘 던져서 되는 것이 아니다. 공격에서 적당히 점수를 뽑아주고, 수비에서 실책이 없거나 안타성 타구를 호수비로 잡는 플레이가 필요할 때도 있다. 잘 던져도 1, 2실점 완투패는 흔히 있는 일이다.

통산 최다승 투수는 210승의 송진우다. 송진우는 1997년과 1998

년 부진하여 전성기가 지났다는 소리를 들었고 은퇴 가능성이 보였으나 계형철 코치를 만나고 1999년 15승을 하며 제2의 선수생활을 시작하여 2009년에 은퇴하였다. 2002년에는 37세의 나이에 18승 투수까지 되었고, 은퇴할 때는 200승 투수가 되었다.

송진우의 통산 방어율은 3.51이다. 1,000이닝 기준으로 통산 방어율 20걸에도 들지 못한다. 방어율 좋다고 다승왕이 되는 것은 아니다. 방어율이 좋지 않다고 다승왕이 되지 말라는 법도 없다. 2009년 삼성 윤성환은 4.32, 조정훈은 4.05의 방어율로 비록 14승이지만 다승왕을 하였고, 손민한도 2001년 4.21의 방어율로 신윤호와 15승 공동 다승왕을 차지하였다.

통산 최다승 투수는 1985년부터 김시진이 자리를 차지하고 있다가 1992년에 선동열로 바뀌었다. 선동열은 자신의 기록을 깰 선수로 정민철을 지목했는데 정민철은 161승을 하며 선동열의 146승 기록을 경신했지만 선동열의 예상과 달리 송진우가 70승 가까이 자신의 기록을 훌쩍 뛰어넘는 투수가 되었다. 현역선수 통산 최다승 투수는 양현종의 159승이며, 김광현도 149승으로 200승을 돌파할지는 미지수다.

개인타이틀은 공격 부문에서는 이만수와 김봉연, 이만수와 장종훈, 이승엽과 우즈 등의 홈런왕 경쟁이 제일 관심거리였지만, 투수 타이틀에서 가장 관심거리는 다승왕이다. 엎치락뒤치락하는 다승왕을 지켜보다 보면 공동 다승왕이 여러 번 나왔다. 한 팀에서 공동 다승왕이 모두 나온 것은 1985년 삼성 김시진과 김일융의 25승, 2000년 현대 정민태, 임선동, 김수경의 18승, 2017년 기아 헥터와 양현종의 20승이다. 1996년은 왼손투수 주형광과 구대성이 18승을 차지하였고, 2021년은 요키시와 뷰캐넌이 16승으로 용병 공동 다승왕을 차지하였다.

다승왕과 구원왕 동시 수상자도 있다. 주인공은 송진우와 구대성이다. 송진우는 1992년 19승으로 다승왕을 하였고, 19승 중 구원투수로

8구원승과 17세이브로 25세이브포인트를 기록하면서 구원왕도 차지하였다. 구대성은 1996년 18승으로 다승왕을 하였고, 18승 중 16구원승과 24세이브, 40세이브포인트로 구원왕을 하였다. 김용수는 1986년, 1987년, 1989년 구원왕을 차지하였고, 선발투수로 변신한 1998년에는 18승으로 정민태를 제치고 다승왕을 차지하였다.

　　다승왕 최다는 국보급 선동열의 4번이다. 1986년과 1989년부터 1991년까지 3년 연속이다. 선동열이 1993년부터 마무리 전문 투수가 되면서 선동열의 다승왕 시대는 끝났고, 1993년에 입단한 이상훈은 첫 해는 9승에 그쳤으나 1994년과 1995년 2년 연속 다승왕을 차지하여 앞으로 단골 다승왕 선수가 될 가능성을 보였지만, 1996년 마무리 전문투수가 되면서 다승왕은 2번으로 끝났다.

　　한 시즌 최다승은 1983년 장명부의 30승이다. 1983년은 한 팀이 100경기를 하던 시절이다. 장명부는 60경기에 출장했는데, 그 중 44번 선발로 나와 36완투하며 30승을 하였다. 그 다음은 1984년 최동원의 27승이다. 100경기 시절 51경기에 나와 20번 선발 14완투하였다. 지금은 이 두 명의 투수 시절보다 44경기가 많지만 1선발이 30경기 출장하는 시절이라 30경기 모두 승리투수가 된다는 것은 거의 힘든 일이다.

　　한 시즌 다승왕 최소 승리는 14승이다. 2009년 기아 로페즈, 삼성 윤성환, 롯데 조정훈 3명이 공동 1위를 했고, 2013년에는 삼성 배영수와 SK 세든이 공동 1위를 했다. 2000년 한 팀에서 18승 투수가 3명이나 나왔던 것과 비교하면 승리투수가 한 투수에게 집중되지 않고 여러 선수에게 분포되어 있다는 것을 보여준다.

통산최다승 순위

	이름	팀	연도	승리
1	송진우	빙그레	1989~2009	210
2	정민철	빙그레	1992~2009	161
3	양현종	기아	2007~	159
4	이강철	해태 > 삼성 > 해태	1989~2005	152
5	김광현	SK	2007~	149
6	선동열	해태	1986~2005	146
7	배영수	삼성 > 한화 > 두산	2000~2019	138
8	윤성환	삼성	2004~2020	135
9	김원형	쌍방울	1991~2010	134
10	임창용	해태 > 삼성 > 기아	1995~2018	130
11	장원준	롯데 > 두산	2004~	129
12	조계현	해태 > 삼성 > 두산	1989~2001	126
12	김용수	LG > MBC	1985~2000	126
14	김시진	삼성 > 롯데	1983~1992	124
15	정민태	현대 > 기아	1992~2008	124
16	손민한	롯데 > NC	1997~2015	123
17	김상진	OB > 삼성 > SK	1989~2003	122
18	장원삼	현대 > 삼성 > LG > 롯데	2006~2020	121
19	한용덕	한화 > 빙그레	1988~2004	120
20	윤학길	롯데	1989~1997	117

방어율은
올바른 투수 평가의
잣대

 방어율은 투수가 9이닝을 던질 때 몇 점을 내주는지 숫자로 나타내는 것이기 때문에 투수를 평가하는 최고의 수치라고 할 수 있다. 이 방어율 랭킹 이야기를 하면 대부분 선동열이다. 선동열의 통산 방어율은 1.20이고, 규정이닝 0점대 방어율을 1986년 0.99, 1987년 0.89, 1993년 0.78 3번이나 기록했다.

 한 시즌 방어율왕 최다 수상자 역시 선동열의 8번이다. 1985년부터 1991년까지 7년 연속 수상했고, 1993년에도 마무리 전문이지만 규정이닝을 채워 수상하였다. 1980년대는 선동열 때문에 다른 투수들은 방어율 타이틀을 넘볼 수 없었다.

 1996년 선동열이 주니치 드래곤스 유니폼을 입고 난 후 방어율왕은 특정 투수에게 돌아가지 않고 여러 투수들이 방어율 타이틀을 차지했다. 2회 수상자는 구대성과 류현진이다. 구대성은 1996년과 2000년, 류현진은 2006년과 2010년 1위를 하였다. 정민철, 조계현, 임창용, 윤석민, 김광현, 양현종 등 한 때 내로라하는 투수들이 방어율왕을 한 번씩 차지했다.

 그러나 방어율이 좋다고 승률이 반드시 좋은 것은 아니다. 1983년 MBC 청룡의 하기룡은 2.34의 방어율로 방어율 1위지만 10승 11

패로 승률이 0.476이다. MBC청룡은 1983년 후기리그에서 우승하여 한국시리즈까지 올라간 팀이다. 게다가 하기룡은 1983년 8월 16일 삼성과의 경기부터 9월 16일 해태와의 경기까지 41이닝 무실점 기록을 갖고 있는 선수다.

박석진은 2001년 2.98의 방어율로 방어율 1위를 하였다. 그러나 47경기에 나와 133이닝을 던지고 4승 10패 14세이브로 승률이 0.285다. 방어율왕이 승률 3할도 안 된다는 건 의아한 일이다. 2001년 롯데가 꼴찌였지만 팀 타율은 0.280로 1위다. 투타가 엇박자로 가니 어쩔 수 없는 일이다.

1980년대만 해도 1983년을 제외하면 1점대 이하 방어율이 시즌 방어율왕을 하던 시절이었다. 그러나 1999년부터 타고투저(打高投低)가 되면서 2003년에는 현대 바워스가 3.01, 2014년에는 3.18의 삼성 밴덴헐크, 2017 KT 피어밴드 3.04로 3점대 방어율이 1위가 된 적이 3 번 있다.

팀 방어율도 많은 변화가 생겼다. 1980년대는 팀 방어율 2점대의 팀이 흔하였다. 1982년 삼성 2.70, 1983년 MBC 2.72, 1984년 OB 2.53, 1985년 삼성 2.98. 1986에는 6위 빙그레, 7위 청보를 제외한 5개 팀 방어율이 2점대였다.

극심한 타고투저가 되었던 1999년은 팀 전체 방어율이 4.98으로 삼성 5.16, 해태 5.21, LG 5.49, 쌍방울 5.85로 5점대 방어율 팀이 4팀이나 되었다. 전반적으로 투수 방어율이 높았는데, 그나마 1위 임창용은 2.14로 방어율왕 체면을 지켰다.

팀 방어율 5점대는 이제 흔한 시대가 되었지만 2014년 한화는 팀 방어율이 6.38이다. 한 경기를 하는데 평균 6~7점을 실점한다는 이야기다.

1,000이닝 이상 던진 투수들 순위를 매겼을 때 통산 방어율 2위는 최동원이다. 전성기 시절 5년 연속 200이닝 넘게 던지면서 시즌 최고 높

은 방어율이 2.89이다. 1989년 삼성으로 이적하고 마지막 시즌 92이닝을 던지고 5점대 방어율이었고, 나머지 시즌은 2점대 이하 방어율이었다.

통산 3위는 마무리 전문으로 5년 활약한 정명원이다. 방어율에서는 마무리로 뛸 때 1점대, 2점대 방어율을 기록했지만, 1998년 투수왕국 현대의 정민태, 위재영과 함께 선발 전문투수가 되면서 184이닝 던지고 1.86의 방어율로 1위를 한 것이 돋보이는 성적이다.

포스트시즌에서 의외로 방어율이 좋은 선수는 문희수, 정삼흠이다. 선동열의 포스트시즌 방어율은 2.24로 정규시즌보다 방어율이 못하다. 문희수는 포스트 선동열이라고 불러야 한다.

문희수는 1984년에서 1995년까지 해태 유니폼을 입고 943과 3분의 1이닝 던지고 방어율이 3.68이다. 그러나 1987년에서 1993년까지 포스트시즌은 14경기 출장하여 47과 3분의 1이닝 던지고 방어율 0.95다. 자책점이 5점밖에 되지 않는다.

정삼흠은 1985년에서 1986년까지 MBC, LG선수로 통산 388경기에 출장하여 1,894와 3분의 2이닝을 던지고 방어율이 3.62다. 포스트시즌은 10경기에 출장하여 51과 2분의 1이닝을 던졌는데 방어율이 1.75다.

통산 방어율 순위 (1,000이닝 이상)

	이름	팀	연도	이닝	방어율
1	선동열	해태	1985~1995	1,647	1.20
2	최동원	롯데 〉 삼성	1983~1990	1,414 2/3	2.46
3	정명원	태평양	1989~2000	1,093 2/3	2.57
4	류현진	한화	2006~2012	1,269	2.80
5	구대성	빙그레	1993~2010	1,128 2/3	2.85
6	최일언	OB 〉 LG 〉 삼성	1984~1992	1,115 1/3	2.87
7	박철순	OB	1982~1996	1,050 1/3	2.95
8	김용수	MBC	1985~2000	1,831 1/3	2.98
9	리오스	기아 〉 두산	2002~2007	1,242	3.01
10	권영호	삼성	1982~1989	1,020 2/3	3.06
11	김시진	삼성 〉 롯데	1983~1992	1,577	3.12
12	김광현	SK	2007~	1,847	3.17
13	조계현	해태 〉 삼성 〉 OB	1989~2001	1,823 1/3	3.17
14	진필중	OB 〉 기아 〉 LG	1995~2006	1,110 1/3	3.20
15	유종겸	MBC	1982~1990	1,039 1/3	3.20
16	조웅천	태평양 〉 현대 〉 SK	1990~2009	1,092 2/3	3.21
17	한희민	빙그레 〉 삼성	1986~1993	1,124 2/3	3.25
18	장호연	OB	1983~1995	1,805	3.26
19	위재영	태평양 〉 SK	1995~2006	1,122 2/3	3.27
20	김정수	해태 〉 SK 〉 한화 〉 SK	1986~2003	1,394	3.28

탈삼진은
야구팬의 눈길 사로잡는
흥밋거리

투수들의 탈삼진 기록도 흥밋거리다. 초창기에는 무쇠팔이라고 불리던 최동원이 탈삼진으로 야구팬들의 흥행을 이끌었다. 1980년대 '최동원 최초 700탈삼진 돌파' 이런 제목의 기사가 최다홈런, 최다승에는 못 미치지만 야구팬들의 관심을 끌었다.

    연속타자 삼진 최고기록은 1998년 5월 14일 인천 현대 경기에서 해태 이대진이 기록한 10타자 연속 탈삼진이다. 이날 이대진은 1998년 팀타율 1위 팀 현대를 만나 탈삼진을 많이 잡는 정통파 투수답게 최고 149km의 패스트볼과 커브, 슬라이더를 섞어 던졌다. 신기록의 시작은 당시 최고 용병 4번 타자 쿨바로부터 시작해서 한 타순 돌고 쿨바를 또 만나서 삼진을 잡으며 10타자 연속 탈삼진 기록을 세웠다.

    한 시즌 최다 탈삼진은 1984년 최동원의 223개가 37년 동안 이어져왔으나 2021년 두산의 미란다가 225개로 경신하였다. 2021년 10월 24일 잠실 LG경기에서 4와 3분의 1이닝 4개의 탈삼진을 잡으며 1984년 최동원의 기록을 경신했다. 한 시즌 탈삼진 기록은 최동원 바로 앞에 1983년 장명부가 220개의 탈삼진을 기록했고, 1996년은 강속구보다는 코너워크 위주의 기교파로 통하던 주형광이 221개의 삼진을 잡았으나,

최동원의 신기록에는 3개가 못 미쳤다. 특히 장명부의 1983년 220개 탈삼진은 원년 삼미슈퍼스타즈의 한 시즌 팀 탈삼진 175개보다 훨씬 많다.

한 경기 최다 탈삼진은 1991년 6월 19일 빙그레와의 경기에서 선동열의 18개다. 13회까지 던져서 나온 기록이다. 9이닝 던지고 최다 탈삼진은 2010년 5월 11일 청주 LG와의 경기에서 류현진이 기록한 17개다.

탈삼진 타이틀이 공식타이틀로 시상을 하기 시작한 것은 1993년부터다. 최초 수상자는 삼성의 김상엽이다. 탈삼진 하면 당연히 선동열로 생각하지만 1993년은 선동열이 마무리 전문투수로 전환했던 해로 126과 3분의 1이닝을 던지며 164개의 삼진을 잡았는데, 181과 3분의 1이닝을 던지며 170개 탈삼진을 기록한 김상엽에 조금 못 미쳤다.

탈삼진 하면 당연히 선동열이지만 공식 타이틀은 한 번도 수상하지 못했다. 1986년, 1988년에서 1991년까지 5번 1위를 했지만 그때까지 탈삼진은 공식타이틀이 아니었다. 그래서 탈삼진 공식타이틀 수상자 명단에서 선동열의 이름을 찾아볼 수 없다.

1993년 탈삼진왕 타이틀이 공식화되면서 이후 시즌 탈삼진왕을 가장 많이 수상한 선수는 류현진이다. 2006년에 입단하여 2012년 메이저리그로 진출할 때까지 7시즌 동안 한국프로야구에 몸담으면서 5번 탈삼진왕을 차지하였다.

신인 최다 탈삼진은 짐작하듯이 2006년 혜성처럼 등장한 괴물신인 류현진의 204개다. 신인이라고 하기는 그렇지만 초창기는 1983년 김시진의 154개가 최고였고, 잠시 주저앉았다 던지는 독특한 폼의 태평양의 최창호가 중고신인 시절이던 1989년 191개를 기록했다. 1998년은 신인 김수경이 자신의 투수코치 김시진의 프로 데뷔연도 탈삼진 기록 경신으로 관심을 받았고, 160개 탈삼진을 기록했다. 김진우는 2002년 신인시절 177개의 탈삼진으로 방어율은 4점대였지만 탈삼진 타이틀을 차지했다.

10년 연속 3자릿수 탈삼진을 기록한 선수는 이강철이다. 이 기록은 꾸준히 출장해야 나올 수 있는 기록이다. 이강철은 1989년부터 1998년까지 10년 연속 10승과 같이 세운 기록이다. 1999년에는 부상공백으로 1년을 쉬어 더 이상 이어가지 못했다. 이강철은 빠른 공이 120km대였지만 오른쪽 타자 뒤통수에서 날아오는 커브와 바깥쪽으로 빠지는 슬라이더가 대단했다. 야구천재라 불리던 강기웅이 이강철의 공에 헛스윙 삼진당하는 모습은 강한 임팩트였다. 통산 탈삼진 1위에서 10위까지 투수들이 강속구로 통한 투수들이 대부분이었지만 유일하게 이강철이 3위에 올라와 있다.

　　통산 탈삼진 1위는 최다승, 최다이닝의 송진우다. 2,048개의 탈삼진을 기록했으며 2,000탈삼진은 송진우 1명이다. 2위는 1,814개의 양현종이다. 양현종은 30대 중반이다. 40세 가까이 꾸준하게 기량을 유지한다고 가정하면 2년 안에는 2,000 탈삼진 기록을 경신하고, 송진우 기록을 넘어설지도 모른다. 2014년부터 8년 연속 두 자리 승수와 함께 100탈삼진 돌파를 같이 하고 있다.

　　통산 탈삼진 랭킹 10위 안에는 1990년대 뱀 직구 임창용, 커브 정민철, 슬라이더 박명환과 신인 시절 제구력은 안 됐지만 150km를 던졌던 배영수, 고속 슬라이더 김광현이 포함되어 있다. 1개씩의 이름을 떨쳤던 구종을 갖고 있는 투수들이다.

통산 탈삼진

	이름	팀	연도	이닝	탈삼진
1	송진우	빙그레	1989~2009	3003	2,048
2	양현종	기아	2007~	2161.1	1,814
3	이강철	해태 〉삼성 〉해태	1989~2005	2204.2	1,751
4	선동열	해태	1985~1995	1647	1,698
5	정민철	빙그레	1992~2009	2394.2	1,661
6	김광현	SK	2007~	1847	1,609
7	임창용	해태 〉삼성 〉기아	1995~2018	1725.2	1,474
8	배영수	삼성	2000~2019	2167.2	1,436
9	박명환	OB 〉LG 〉NC	1996~2015	1613.2	1,421
10	차우찬	삼성 〉LG	2006~	1668.2	1,413
11	김수경	현대	1998~2012	1769.1	1,370
12	장원준	롯데 〉두산	2004~	1959	1,361
13	윤성환	삼성	2004~2020	1915	1,357
14	한용덕	빙그레	1989~2004	2079.1	1,342
15	정민태	태평양 〉기아	1992~2008	1831	1,278
16	김원형	쌍방울	1991~2010	2171	1,246
17	류현진	한화	2006~2012	1269	1,238
17	송승준	롯데	2007~2020	1645.2	1,238
19	김상진	OB 〉삼성 〉SK	1989~2003	1787.2	1,237
20	이상목	삼성 〉빙그레 〉롯데 〉삼성	1990~2008	1830.2	1,231

승률왕은 실력일까, 운빨일까?

승률은 투수가 얼마나 경제적으로 던졌는지를 보여주는 숫자다. 경기는 이기는 것이 목적이므로 팀 공격이 10점을 내면 투수는 무실점으로 막거나 9실점을 하거나 이기는 것은 똑같다. 팀 공격이 1점을 냈는데 투수가 2점을 내주면 지는 것이므로 경제적으로 던졌다고는 볼 수 없다.

방어율에 비해 승률이 좋은 투수와 승률이 좋지 못했던 투수가 있다. 승률이 가장 좋은 투수는 역시 선동열이다. 146승 40패로 승률이 0.785로 8할에 가깝다. 1997년 구원승 20승으로 화제를 모았던 김현욱도 통산 883과 3분의 1이닝을 던지고 71승 31패를 기록하며 승률 0.696 7할에 가깝다.

시즌 승률왕을 가장 많이 차지한 선수는 역시 4번의 선동열이다. 1986년부터 1991년 6년은 선동열을 따라올 투수가 없었지만 1986년 최일언, 1988년은 윤석환이 승률왕을 차지했다. 1986년 선동열은 24승 6패 승률 0.800이지만, 19승 4패의 최일언은 승률이 0.826이다.

다승, 탈삼진, 방어율 타이틀은 A급이거나 어느 정도 수준이 되어야 하므로 우리나라를 대표하는 투수, 용병들이 쭉 수상해왔다. 그러나 승률왕은 1989년부터 규정이닝을 채우지 않아도 10승 이상만 하면 수상한다. 그래서 특급투수까지는 아닌 김홍집이 1994년, 전준호가 2006년, 채병용이 2008년에 승률왕을 수상하였다.

한 시즌 10할 승률은 두 번 있었다. 1992년의 오봉옥 13승 무패와 2002년 김현욱의 10승 무패다. 오봉옥은 1992년 삼성에 입단하자마자 신인시절 13승 무패의 성적으로 화제가 되었다. 그러나 다음 해 2승 7패, 0.222의 승률로 계속 이어가지는 못했고, 통산 63승 68패 0.481의 승률로 마무리하였다.

김현욱은 2002년 10승 무패다. 중계계투로만 64경기에 나와 76과 3분의 2이닝을 던지며, 1997년 0.909 승률왕에 이어 2번째 승률왕을 차지하였다. 프로 41년 동안 시즌 9할 이상 승률은 오봉옥, 알칸타라, 김현욱 2회 등 모두 4번밖에 없다.

1,000이닝 이상 던지고 승률 6할이 넘는 투수는 최고승률 선동열 외에 김시진, 한희민, 김광현, 임창용, 니퍼트, 류현진이 있다. 류현진 외에는 자신이 기본으로 잘 던졌지만 어느 정도 타력의 뒷받침도 있었다고 봐야 한다. 김시진은 1987년 삼성 팀 타율 3할, 한희민은 빙그레 다이너마이트 타선의 지원을 받았다.

이들과 달리 팀 타선의 도움을 받지 못한 대표적인 선수는 임호균과 구대성이다. 임호균은 삼미 시절 첫해 3.03의 방어율로 준수하지만 12승 15패로 승률이 5할이 되지 않았고 1983년에서 1987년까지 전성기 5년 동안 3.24의 방어율이지만 44승 52패로 0.478의 승률이다. 임호균이 몸담은 삼미, 롯데, 태평양은 팀타율이 2할 4푼, 2할 5푼대이고 홈런도 별로 없었던 팀이다.

한국을 대표하는 구대성도 1,128과 3분의 2이닝을 던지고 방어율이 2.85이다. 그런데 통산 67승 71패로 승률은 0.486이다. 최동원도 승률이 자신의 방어율, 탈삼진에 비해 좋지 못했다. 1983년 데뷔 첫해부터 2.89의 방어율로 우수하지만, 그해 9승 16패 승률이 0.360에 불과했다. 1983년 롯데 팀타율이 0.244로 6개 팀 중에서 꼴찌로 타선의 지원을 받지 못했고, 입단 후 전성기 5년 동안 좋은 방어율에도 승률 7할은 한 번도 기록하지 못했다.

무승부가 되든지 한 팀이 이기면 다른 팀은 반드시 지기 때문에 모든 투수의 평균 승률은 5할이다. 방어율이 높아도 승률 5할이 넘는 투수가 있고, 방어율이 낮아도 5할이 안 되는 투수가 있게 마련이다. 한화 송창식은 707과 3분의 1이닝, 5.31의 방어율이지만 통산 43승 41패로 승률 0.511이다. 조규제는 894와 3분의 1이닝을 던지고 방어율 3.07이다. 그러나 54승 64패 승률은 0.457로 5할이 되지 않는다.

1,000이닝 이상 던지고 승률이 딱 5할인 선수는 MBC청룡의 유종겸이다. 57승 57패다. 해태, LG 유니폼을 입었던 차동철도 818과 3분의 1이닝을 던지고 46승 46패 승률이 5할이다. 30승 이상 투수 중에 승률 5할인 투수로는 권명철 고영표, 강영식, 김경원도 있다. 권명철은 45승 45패, 고영표는 43승 43패, 강영식은 32승 32패, 김경원은 36승 36패다.

1,000이닝은 되지 않지만 통산 승률 6할 이상의 투수로는 989와 3분의 1이닝을 던진 박충식이 77승 44패로 승률 0.636이고, 909와 3분의 2이닝을 던진 이상훈이 71승 40패로 승률 0.640이다.

재일교포 최고 승률 투수는 김일융이다. 1984년~1986년 3년 동안 54승 20패 승률이 0.730이다. 용병 투수로는 기아에서 2016년~2018년 3년 동안 46승 20패 승률 0.697을 기록한 헥터가 승률이 가장 좋다.

통산승률 (1,000이닝 이상)

	이름	팀	연도	승	패	승률
1	선동열	해태	1985~1995	146	40	0.785
2	니퍼트	두산 〉 KT	2011~2018	102	51	0.667
3	류현진	한화	2006~2012	98	52	0.653
4	김광현	SK	2007~	149	80	0.651
5	김시진	삼성 〉 롯데	1983~1992	124	73	0.629
6	한희민	빙그레 〉 삼성	1986~1993	80	51	0.611
7	양현종	기아	2007~	159	102	0.609
8	리오스	기아 〉 두산	2002~2007	90	59	0.604
9	임창용	해태 〉 삼성 〉 기아	1995~2018	130	86	0.602
10	성준	삼성 〉 롯데	1986~1999	97	66	0.595
11	유희관	두산	2009~	101	69	0.594
12	박철순	OB	1982~1996	76	53	0.589
13	차우찬	삼성 〉 LG	2006~	112	79	0.586
14	김용수	LG	1985~2000	126	89	0.586
15	손민한	롯데 〉 NC	1997~2015	123	88	0.583
16	김상엽	삼성 〉 LG	1989~2000	78	56	0.582
17	최동원	롯데 〉 삼성	1983~1990	103	74	0.582
18	정명원	태평양	1989~2000	75	54	0.581
19	송진우	빙그레	1989~2009	210	153	0.579
20	조계현	해태 〉 삼성 〉 두산	1989~2001	126	92	0.578

마무리 투수의
찬란한 계보

우리나라를 대표하는 마무리 투수로 1980년대의 권영호, 김용수 1990년대의 조규제, 구대성, 임창용 2000년대의 조용준, 2000년대 이후 정대현, 오승환, 손승락, 정우람을 들 수 있다. 선동열은 더 이상 선발로 뛸 수 없어 1993년부터 1995년까지 3년을 마무리 전문 투수가 되었고 통산 132세이브 투수다. 이상훈도 선발투수에서 마무리 투수로 변신해 통산 98세이브를 챙겼다.

특급 마무리 투수라서 별명까지 생긴 선수도 있다. 구대성 대성불패, 임창용 창용불패, 오승환 끝판대장이 그들이다.

최동원 선동열 대결처럼 마무리 투수도 불꽃 튀는 라이벌전을 벌이던 때가 있었다. 1999년 진필중과 임창용의 대결이었다. 두산 진필중 16구원승, 36세이브로 52세이브포인트, 임창용 13구원승 38세이브로 51세이브포인트로 진필중의 52세이브포인트는 역대 1위다. 삼성과 두산이 붙으면 8회나 9회 진필중과 임창용의 대결을 기다리는 팬들이 있었다.

마무리는 아주 중요하다. 종반까지 리드하고 있어 응원하는 팀의 팬이 이겼다고 생각하는데 마무리투수가 제대로 못해 경기가 뒤집힐 때만큼 억울한 일은 없을 것이다. 한때 마무리를 잘 못해 진필중은 진필패, 강상수는 불쇼라고 불린 적이 있었다.

우리나라 마무리투수 역사는 원년부터다. 마무리투수에게 주는 구원왕이라는 공식타이틀이 있었고, 1982년 삼성 황규봉은 11세이브로 구원왕을 수상했다. 1983년은 OB 황태환이 14세이브로 구원왕이 되었다. 그런데 황규봉은 한 팀이 80경기를 치르던 원년에 16경기 선발로 나왔고, 15승 중 7승이 선발승이었다. 마무리 전문투수라고는 볼 수 없었다.

황태환은 1983년 100경기 시절 39경기에 등판하여 선발로는 2번만 등판하고 규정이닝을 넘는 105와 3분의 1이닝을 던졌다. 등판만 봤을 때는 윤석환, 권영호보다 앞선 본격적인 마무리 투수로 볼 수 있다. 그러나 문제는 세이브가 적었다. 방어율도 2.65로 괜찮았으나 1980년대에도 20세이브는 해야 마무리 전문투수라고 인정해주는데 14세이브였다. 그래서 1984년 25세이브의 윤석환부터 마무리 전문투수로 보고 있는 전문가들도 있다.

윤석환부터 구원왕이라면 20세이브를 넘어야 한다는 것이 전통처럼 되었다. 100경기 시절 윤석환은 57경기 출장하여 4번 선발로 나왔지만 12승 8패 25세이브를 하였다. 12승 중 선발승은 2승이고, 10구원승 25세이브로 35세이브 포인트를 기록했다.

그 다음 시즌 1985년 마무리 전문이 된 권영호는 2구원승 26세이브로 28세이브포인트, 1986년은 김용수가 9구원승 26세이브로 35세이브포인트를 기록하며 구원왕이 되었다.

마무리투수의 특징이 1980년대와 요즘은 차이가 난다. 요즘은 시대가 달라서 마무리투수는 기껏 1~2이닝 던지는 시대이고, 만일 2이닝을 넘기면 혹사당했다고 한다.

그러나 권영호, 김용수, 윤석환이 활약하던 1980년대에는 마무리투수가 5회, 6회, 7회라도 위기가 생기면 바로 마운드에 올라왔다. 그래서 소방수라는 표현이 어울리는 말이었고, 권영호는 1989년 100세이브 달성 기념으로 명예소방수로 위촉되기도 했다.

지금은 마무리투수를 아무나 하는 것이 아니라 특급투수의 자리이지만, 1980년대만 해도 선발보다 푸대접을 받았다. 그러나 1998년 시즌 후 트레이드 '양준혁+곽채진+황두상+현금=임창용'을 보면 마무리투수의 가치가 매우 높다는 것을 알 수 있다. 한화 유승안 감독은 2003년 시즌 후 2002년까지 한화유니폼을 입고, 강타자로 시즌 홈런 38개나 친 적이 있는 송지만을 내놓고, 마무리로 쓰기 위해 1, 2이닝 던지는 권준헌을 한화로 트레이드해 왔다.

1990년대 중반까지만 해도 에이스 선발투수가 마무리도 올라오는 경우가 제법 있었다. 1994년만 봐도 선발 전문 박충식 3세이브, 이대진 3세이브가 기록되어 있다. 그러나 투수 분업화가 확실해지면서 1980년대식 마운드 운영을 할 수 없어 마무리투수 부재로 고민인 팀이 많았다. 2000년대 롯데, LG, 한화는 확실한 마무리 전문이 없어 종반까지 팀이 리드를 해도 막판에 뒤집힐까 봐 코칭스텝과 팬들은 불안에 떨었다.

마무리투수의 보람은 세이브다. 1980년대 패전 전문으로 불리던 방수원은 홀드라는 것이 없던 시대에 선발도 마무리도 아니라서 던져도 남는 기록이 없어 연봉 계산 때 손해를 봤다고 했지만 그 당시 마무리투수가 성공하면 세이브가 기록으로 남았다.

통산 세이브 1위는 370세이브의 오승환이다. 2005년에 입단해 2006년부터 마무리 전문투수가 된 오승환은 2022년까지 시즌 6번 세이브 1위를 하였다. 2013년 시즌 후 6년 동안 미국, 일본 생활 후 2020년에 삼성으로 돌아온 후에는 예전의 오승환보다는 못하지만 마무리 전문투수로 활약하며 2021년 44세이브로 세이브 1위를 하였다. 오승환이 장수할 수 있었던 것은 시즌 평균 50경기 넘게 출장했지만 시즌 최고 출장 이닝이 79와 3분의 1이닝으로 혹사를 당하지 않았기 때문이다.

통산 세이브

	이름	팀	연도	세이브
1	오승환	삼성	2005~	370
2	손승락	현대〉롯데	2005~2019	271
3	임창용	해태〉삼성〉기아	1995~2018	258
4	김용수	LG	1985~2000	227
5	구대성	빙그레	1993~2010	214
6	정우람	SK〉한화	2004	197
7	진필중	OB〉기아〉LG	1995~2006	191
8	조규제	쌍방울〉현대〉SK〉현대〉기아	1991~2005	153
9	정명원	태평양	1989~2000	142
10	정재훈	두산〉롯데〉두산	2003~2016	139
11	김재윤	KT	2015~	137
12	선동열	해태	1985~1995	132
13	이용찬	두산〉NC	2008~	128
14	고우석	LG	2017~	124
15	조용준	현대	2002~2009	116
16	봉중근	LG	2007~2016	109
17	정대현	SK〉롯데	2001~2016	106
18	송진우	빙그레	1989~2009	103
19	권영호	삼성	1982~1989	100
20	조웅천	태평양〉SK	1990~2009	98
20	이상훈	LG〉SK	1993~2004	98

홀드,
시대에 따라 달라지는
투수의 역할

프로야구에서 미들맨, 셋업맨, 중간계투라는 말이 일반적으로 사용되기 시작한 것은 1990년대 중반 이후인 것 같다. 1980년대에는 구원투수라는 말이 많이 쓰였고, 요즘은 구원투수라는 말을 잘 쓰지 않는다. 구원투수는 선발 뒤에 올라오는 투수를 일컬었는데, 요즘은 셋업맨의 역할이 중요해졌기 때문이다.

2000년대부터는 선발 뒤를 이은 이 셋업맨들이 전문화되어 삼성은 셋업맨들이 마운드에 올라와서 역전당하지 않고 리드를 잘 지켜서 이런 셋업맨들을 가리켜 '필승조'라는 말까지 나왔다. 필승조 하면 삼성의 안지만, 정현욱, 권혁, 권오준의 중간계투가 가장 많이 이야기된다.

1997년 김현욱은 미들맨으로 20승을 챙겼지만 같은 시기의 미들맨은 잘 던져봐야 승리투수도 세이브도 기록되지 않고 몇 이닝 무실점 기록만 남기 때문에 도전할 타이틀이 없었다. 시즌 후 연봉협상에서 선발투수나 마무리투수처럼 내세울 기록이 없었다.

1998년 한 시즌 한용덕은 한화 이글스의 미들맨으로 나왔다. 56경기에 나와 선발은 2경기 131과 3분의 2이닝을 던지고 방어율 2.26으로 좋았는데, 남는 것은 7승 3패 4세이브다. 홀드가 없었다. 이런 경우가 많아서 2000년부터 홀드라는 기록이 생겨났다. 2000년 전 투수들은 중간에 나와서 역전당하지 않고 점수를 유지해도 개인기록에는 홀드가 없다.

홀드는 중간에 올라와서 점수를 유지하고 뒤에 나온 투수가 동점이나 역전을 허용해도 홀드가 기록된다. 그러나 중간에 올라와서 승리 투수가 된다면 홀드는 기록되지 않는다. 첫 홀드 타이틀은 조웅천이 차지했고, 원조 홀드 투수하면 2001년에서 2003년까지 3년 연속 홀드 타이틀을 차지한 차명주를 원조 홀드왕이라고 부른다.

이름난 신인이 입단하면 1980년대만 해도 바로 선발로 나왔지만 이제는 신인부터 바로 선발투수가 되는 투수도 몇 명 있지만 셋업맨부터 시작해서 잘하면 선발투수가 되는 추세다. 135승 투수 윤성환은 2시즌 통산 25홀드를 기록한 셋업맨이었다.

차명주는 선발투수 역할에 실패하고 두산으로 이적하여 원조 셋업맨으로 이름을 날렸고 류택현은 OB에서 1차 지명을 받을 정도로 큰 기대를 받았지만 마운드에 올라가면 흔들렸다. 그러나 LG로 이적 후 불펜투수로 자리 잡으며 1994년에서 2014년까지 마운드를 지키며 홀드 통산 5위에 이름이 올라 있다.

통산 홀드 1위는 안지만이다. 선발로도 28번 나와 선발승이 8승이지만 593경기에 출장하여 셋업맨으로 나온 것이 95% 넘는 셋업맨 전문투수다. 특히 위기의 만루에서 점수를 한 점도 안 주는 장면이 많아서 '만루변태'라는 별명을 얻었다. 200홀드는 충분히 달성할 투수이지만 2016년을 끝으로 프로에서 볼 수 없었다.

2위는 안지만과 같은 시기에 삼성에서 한솥밥을 먹던 권혁이다. 권혁도 선발로 14번 나와 선발 2승을 하였지만, 통산 781경기에 출장하여 불펜으로 등판한 것이 98%를 넘는다. 3위는 현역으로 뛰고 있는 150홀드의 진해수다. 나이가 30대 후반으로 가고 있지만 꾸준하게 해준다면 안지만 177홀드 경신과 200홀드 달성도 가능할 수 있다.

　　　홀드가 생기면서 선발투수의 뒤를 이어 승리를 지키는 투수들을 뜻하는 필승조라는 말이 자주 등장했다. 2011년 삼성 마운드는 정현욱, 권혁, 안지만, 권오준이 막강 허리를 구축했다. 정현욱 24홀드 방어율 2.36, 권혁 19홀드 방어율 2.79, 안지만 17홀드 방어율 2.83, 권오준 11홀드 방어율 2.79로 불펜 4명이 모두 2점대 방어율을 기록했고, 홀드 합이 71이다. 삼성 정현욱은 2013년부터 FA로 LG 유니폼을 입었을 때는 유원상, 정현욱, 봉중근을 묶어서 일컫는 유정봉 트리오라는 말이 생겼고, 유정봉 트리오는 이동현, 류택현, 이상열과 함께 막강 불펜진을 만들면서 LG는 11년 만에 포스트시즌에 진출했다.

　　　시즌 최고 홀드는 2019년 키움 김상수의 40홀드다. 삼성에서 2008년, 2009년 6~7점대 방어율이었으나 시즌 후 박성훈과 함께 현금을 더하여 넥센의 장원삼을 상대로 트레이드된 후 선발로도 나오고, 마무리투수도 하며 들쭉날쭉했지만 2019년 67경기에 출장하여 자신의 최고 방어율 3.02를 기록하며 역대 처음 시즌 개인 40홀드를 돌파했다.

통산 홀드 순위

	이름	팀	연도	홀드
1	안지만	삼성	2003~2016	177
2	권혁	삼성 〉 한화 〉 두산	2002~2020	159
3	진해수	기아 〉 SK 〉 LG	2006~	150
4	정우람	SK 〉 한화	2004~	137
5	류택현	OB 〉 LG	1994~2014	122
6	정대현	SK 〉 롯데	2001~2016	121
7	이상열	한화 〉 현대 〉 LG	1996~2014	118
8	강영식	해태 〉 삼성 〉 롯데	2000~2017	116
9	이동현	LG	2001~2019	113
10	윤길현	SK 〉 롯데	2002~2019	111
11	한현희	넥센	2012~	105
11	주권	KT	2015~	105
13	김상수	삼성 〉 넥센 〉 SSG	2008~	102
14	정우영	LG	2019~	98
15	박정진	한화	1999~2017	96
16	이보근	현대 〉 KT	2005~2021	94
17	우규민	LG 〉 삼성	2003~	93
18	조웅천	태평양 〉 SK	1990~2009	89
18	정현욱	삼성 〉 LG	1998~2016	89
20	이현승	현대 〉 두산	2006~2022	88
20	권오준	삼성	1999~2020	88

투수의 경기 출장은
꾸준함의 척도

투수의 통산 경기출장은 1980년대부터 중요한 기록으로 꼽았다. 경기출장 기록은 꾸준함과 함께 자기관리를 얼마나 잘했고, 감독으로부터 믿음을 얻었다는 사실을 보여준다. 1987년은 김시진과 최동원 중에서 누가 최초 100승 돌파 선수가 될 것인지가 큰 관심이었지만, '권영호 200경기 최초 돌파'라는 언론 기사도 야구팬들의 관심을 부추겼다.

13년 삼성 마운드를 지킨 성준은 1998년 방출된 후 롯데에서 마지막 1년 선수생활을 할 때 가까스로 300경기 출장을 하였다. 류중일이 삼성 선수를 대표하여 롯데 유니폼을 입고 있는 성준에게 300경기 출장 기념패를 전달하였다.

아직까지 우리나라에 1,000경기 출장 투수는 없다. 2008년부터 2013년까지 6년 동안 해외에 진출했던 임창용은 우리나라 760경기에 일본 238경기, 메이저리그 6경기를 합치면 1,004경기이다. 임창용이 만일 6시즌 야쿠르트와 시카고컵스 유니폼을 입었던 시절 국내에 있었고, 기아 시절 김기태 감독과 호흡을 잘 맞춰 2018시즌 후에도 계속 선수생활을 했다면 1,000경기를 훌쩍 넘었을 테고, 송진우가 최다승에서 저만치 앞지르듯이 임창용도 최다경기 출장에서 다른 투수들이 따라잡기 어려운 기록을 갖고 있을 것이 확실하다.

2022년 시즌 후 투수의 통산 경기최다출전 기록은 한화 정우람의 952경기다. 2004년에 입단한 정우람은 2005년부터 59경기에 출장하며 불펜투수로 자리 잡았고, 선발 보직을 받은 적은 한 번도 없었다. 2013년, 2014년 군복무 기간을 빼면 2008년부터 2021년까지 12년 연속 50경기 출장기록을 갖고 있다. 정우람의 나이가 38살이고 기량이 예전만큼은 아니라서 1,000경기 출장 기록을 세울지는 두고 봐야 한다.

프로 첫 경기 출장과 100경기별로 최초 달성 투수 이름을 보면 프로야구 역사와 그 시절 활약한 선수의 추억을 떠올리게 된다. 1982년 3월 27일 프로 첫 경기 첫 선발투수는 MBC 이길환, 삼성 황규봉이었다. 황규봉은 원년에 삼미 김재현과 함께 47경기로 가장 많은 경기에 출장하였다.

100경기 최초 출장은 1984년 MBC 하기룡이 달성했다. 200경기 최초 출장의 주인공은 앞에서 말한 삼성 권영호다. 권영호는 1985년 마무리 전문투수로 변신한 후 그해 54경기에 출장했고, 선발투수에서 마무리투수로 변신했기 때문에 200경기 최초 출장 투수가 될 수 있었다.

300경기에서 600경기 최초 출장은 마무리 김용수다. 1993년 300경기, 1995년 400경기, 1997년 500경기, 2000년 600경기 최초 출장을 기록하고 2000년을 끝으로 은퇴하였다. 700경기와 800경기는 마무리와 셋업맨으로 활약한 조웅천이다.

900경기 최초 출장은 2014년 류택현이 달성하였다. 2013년까지 899경기 출장이었던 류택현은 2014년 2경기 출장을 추가해 901경기로 은퇴하였다. 1,000경기 출장은 정우람이 48경기 더 출장해야 달성할 수 있다.

한 시즌이나 통산 투수 최다 경기출장 기록에 등장하는 선수들은 마무리 전문이나 셋업맨들이다. 김시진, 윤학길, 정민철, 정민태, 김광현 같은 선발투수는 마무리나 셋업맨보다 더 많은 경기에 출장할 수 없다.

더 추가해서 이야기하면 마무리 전문투수보다는 왼손타자 상대 전문 릴리프가 더 유리하다. 통산 최다 경기출장 투수 10명 중 8명이 왼손 셋업맨으로 활약했던 선수들이다.

그러나 최다 선발 출장 투수 송진우는 통산 672경기에 출장하며 17위에 이름이 있다. 송진우는 21시즌을 뛰면서 200승-100세이브를 한 전천후 투수로 활약했기 때문이다. 선발 377경기, 구원으로 295번 경기에 등판하였다.

통산 경기 출장 1, 2위 정우람과 류택현은 둘 다 왼손잡이고, 시즌 최다출장 기록도 똑같이 85경기다. 2004년 류택현, 2008년 정우람이 같은 기록을 세웠다. 왼손 타자 전문투수 셋업맨으로 나오다보니 류택현은 85경기 50과 3분의 2이닝, 정우람은 85경기 77과 3분의 2이닝을 던지며, 1경기 평균 1이닝이 되지 않는다.

투수 통산 경기 출장

	이름	팀	연도	출장
1	정우람	SK 〉 한화	2004~	952
2	류택현	OB 〉 LG	1994~2014	901
3	조웅천	태평양 〉 SK	1990~2009	813
4	가득염	롯데 〉 SK	1992~2010	800
5	권혁	삼성 〉 한화 〉 두산	2002~2020	781
6	진해수	기아 〉 SK 〉 LG	2006~	769
7	임창용	해태 〉 삼성 〉 기아	1995~2018	760
8	이상열	한화 〉 현대 〉 LG	1996~2014	752
9	강영식	해태 〉 삼성 〉 롯데	2000~2017	750
10	오상민	쌍방울 〉 삼성 〉 LG	1997~2011	736
11	송신영	현대 〉 LG 〉 한화 〉 넥센	1999~2017	709
12	이혜천	두산 〉 NC	1998~2015	706
13	우규민	LG 〉 삼성	2003~	703
14	이동현	LG	2001~2019	701
15	박정진	한화	1999~2017	691
16	송은범	SK 〉 기아 〉 한화 〉 LG	2003~	676
17	송진우	한화	1989~2009	672
18	이현승	현대 〉 두산	2006~2022	671
19	정대현	SK 〉 롯데	2001~2016	662
20	윤길현	SK 〉 롯데	2002~2019	635

완투, 그야말로 무쇠팔의 신화

완투는 1980년대만 해도 흔하게 볼 수 있었다. 완투가 좋은 점은 어느 팀이나 믿을 만한 투수가 부족한데 완투를 하면 마운드 운영에 숨통을 틔워 준다. 완투를 한다면 셋업맨과 마무리 투수가 하루 쉬면서 어깨를 보호할 수 있다. 1980년대에서 1990년대 중반까지는 완투를 하면 에이스 선발투수가 마무리로 올라오는 경우도 흔했는데 이런 수고를 들어준다. 올드팬이라면 1980년대를 회상할 때 완투한 경기가 한 번은 떠오를 것이다. 1985년부터 마무리 전문이 된 권영호는 1986년 3번의 완투 기록을 갖고 있다.

1990년대까지는 두 팀 에이스 투수들끼리 완투 대결도 좋은 볼거리였다. 그리고 연장 15회 완투 대결은 4번 있었다. 1986년 7월 27일 인천 해태 삼미 경기에서 차동철과 김신부의 완투 대결은 승부를 가리지 못하고 0:0으로 끝났다. 선동열과 맞대결 투수로 유명했던 OB 김진욱은 1987년 4월 19일 광주에서 1:1 무승부로 끝났고, 〈퍼펙트 게임〉이라는 영화까지 나왔던 가장 유명한 최동원 선동열의 1987년 5월 16일 사직구장 해태와 롯데 경기는 2:2로 끝났다. 1994년 광주 해태 쌍방울 김원형 조계현의 3:3 무승부 경기도 있다.

그러나 완투하는 투수를 2000년대 이후에는 보기 어려워졌다.

팬들은 완봉뿐만 아니라 그날 완투 투수가 나오기를 기대하는데 완투를 앞두고 투수코치가 올라와 8회, 9회에 강판되는 장면을 2000년대 이후는 흔하게 본다. 완투 투수가 전체 통틀어 2020년 10번, 2021년 13번, 2022년 6번이다. 1980년대 개인 시즌 최고 완투 투수 기록에 대해 3시즌을 예로 보면 1982년 박철순 15번, 1984년 장명부 15번, 최동원 14번이다. 시즌 10개 구단 모두 합친 완투 기록이 1980년대 개인 시즌 완투 기록보다 적은 시대다.

통산 완투 랭킹 1위에서 10위까지 10명의 선수 모두 1980년대에 입단한 투수들이다. 랭킹에 들어간 선수 유형은 다양하다. 선동열, 최동원 같은 강속구 투수, 장호연처럼 맞춰 잡는 피칭과 기교파투수, 이강철처럼 빠른 공이 120km대의 언더핸드 투수, 조계현처럼 빠른 공은 137km, 138km까지밖에 나오지 않지만 다양한 변화구를 던지는 투수 등 여러 특징을 가진 투수지만 랭킹 10위에 들어갔다.

1983년 장명부의 36완투는 다시는 세울 수 없는 기록이다. 2020년대는 144경기에서 1선발이 많아봤자 30경기 출장하는 시대다. 장명부에 이어 한 시즌 최다 완투 투수는 이상군이다. 고무팔이라는 별명을 갖고 있는 이상군은 1986년 24완투를 하였다. 1986년 이상군은 27번 선발로 출장해서 24번 완투라 요즘 투수들에게는 불가사의고 상상할 수 없는 기록이다. 역대 한 시즌 20완투 투수는 장명부와 이상군 2명뿐이다.

그리고 최동원의 1984년 한국시리즈 4경기 완투도 1980년대니까 나왔지 40년 정도 지난 지금은 도저히 나올 수 없는 기록이다. 선발 로테이션이 정착된 후에는 2003년 한국시리즈에서 현대는 7차전까지 갔기 때문에 정민태가 1차전, 4차전, 7차전 3번이나 선발로 나올 수 있었고, 완투는 1번에 그쳤다.

1992년에 입단한 정민철은 61번 완투하여 아깝게 10위에는 들지 못했다. 1990년대 주요 투수 정민태 42번, 김상진 50번이다. 이상훈 25번이다. 이상훈은 선발투수로는 1993년에서 1995년까지 3년 활동했기 때문이다.

1990년대까지만 해도 시즌 두 자릿수 완투 투수가 한용덕 2번, 박정현 1번, 정민철 3번, 박충식 1번, 주형광 1번으로 제법 있었지만, 2000년대 이후는 시즌 10완투 이상의 투수가 없다. 2001년 최상덕 8완투, 2002년 송진우 8완투가 개인 시즌 완투 최고 기록이다. 2022년에는 시즌 최고 완투 투수가 1완투 6명으로 시대가 완전히 달라졌다.

2000년대 입단한 주요 투수들의 통산 완투 기록이 배영수 11번, 장원준 13번, 윤성환 12번, 류현진 27번이다. 류현진을 제외하면 1980년대 3대 트로이카 김시진, 최동원, 선동열 한 시즌 완투 기록에도 못 미친다. 하지만 한국프로야구에서 2002년부터 2007년까지 활약한 리오스는 21번의 완투를 하였다.

2010년대를 주름잡은 김광현은 8번, 양현종 13번이다. 2013년부터 보이기 시작한 유희관 6번, 그래도 용병 최다승 투수 니퍼트는 8년 동안 8번의 완투로 1년에 한 번 완투한 꼴이다.

통산 완투 랭킹

	이름	팀	연도	완투
1	윤학길	롯데	1986~1987	100
2	최동원	롯데 > 삼성	1984~1990	81
3	장호연	OB	1983~1995	79
4	선동열	해태	1985~1995	68
5	김시진	삼성 > 롯데	1983~1992	67
6	장명부	삼미 > 빙그레	1983~1986	65
6	이강철	해태 > 삼성 > 해태	1989~2005	65
8	조계현	해태 > 삼성 > 두산	1989~2001	64
8	송진우	빙그레	1989~2009	64
10	이상군	빙그레	1986~1996 1999~2001	62
11	정민철	빙그레	1992~2009	61
12	한용덕	빙그레	1987~2004	60
13	정삼흠	MBC	1985~1996	50
13	김상진	OB > 삼성 > SK	1989~2003	50
15	박정현	태평양 > 쌍방울	1988~2000	48
16	한희민	빙그레 > 삼성	1986~1993	47
17	정민태	태평양 > 기아	1992~2008	42
18	양상문	롯데 > 청보	1985~1993	40
18	임호균	삼미 > 롯데 > 청보	1983~1990	40
20	계형철	OB	1982~1991	39

완봉승,
투수 역량의
또 다른 좌표

완봉승은 한 명의 투수가 그날 경기에서 9회까지 던져 한 점도 내주지 않고 승리투수가 되는 것이다. 훌륭한 투수를 평가하는 기준 중 하나는 완봉승이다. 응원하는 팀의 투수가 완봉승을 눈앞에 두고 경기 막판이 되면 관중과 시청자들도 긴장하고 집중하게 된다. 투구 수가 120개가 넘으면 혹사라고 네티즌들이 난리나지만 완봉승을 위해 120개를 던졌다면 달라진다. 완봉승을 눈앞에 두면 10명이면 9명은 한계투구수를 넘어도 끝까지 던지겠다고 할 것이다. 아웃카운트 하나, 둘을 남겨놓고 감독의 지시로 강판되어 불만을 보이는 투수를 종종 볼 수 있었다.

역대 최고 완봉승은 말 안 해도 알 만하다. 29번 달성한 국보급 투수 선동열이다. 선동열 다음은 100번 완투한 윤학길과 1990년대 한국야구를 주름잡았던 정민철의 20번 완봉승이다. 선동열은 109번 선발로 나와 29완봉승, 윤학길은 231번 선발로 나와 20완봉승, 정민철은 370번 선발로 나와 20완봉승이다. 선동열은 3.75경기 선발 당 1번 완봉승 투수다. 적어도 4경기 선발로 나오면 1경기는 완봉승을 가져가는 어마어마한 투수다. 윤학길 11.5경기, 정민철 18.5경기에 한 번 완봉승하는 투수들과 비교하면 국보급 투수라는 말로는 부족할 정도다.

통산 완봉승 2위 정민철은 1999년 시즌을 끝으로 요미우리에 갔다가 2002년 다시 복귀해서는 타자를 압도하는 예전의 정민철이 아니었지만 기교파로 변신한 2007년에 36세의 나이로 8년 만에 완봉승을 추가하며 20개를 달성했다.

의외로 완봉승이 적은 투수는 1990년대를 대표하는 투수 정민태다. 42번 완투했지만 완봉승은 9번에 그쳤다. 통산 최다승 투수 송진우도 완봉승은 11개로 공동 13위에 이름이 올라 있다. 그러나 2005년 9월 8일 문학구장 SK경기에서 40세 나이로 최고령 무4사구 완봉승 기록을 갖고 있다.

정면승부를 즐기는 이상훈은 1993년부터 1995년까지 3년 동안은 선발투수로 8번의 완봉승을 기록하였다. 1996년부터 마무리투수가 되면서 완봉승을 이어가지 못했는데 만일 꾸준히 선발투수였다면 20완봉승은 달성하지 않았을까 하는 생각이 든다.

2000년대 입단해서 우리나라를 대표하는 투수들은 완봉승이 아주 드물다. 배영수 3번, 김광현 3번, 양현종 4번이다. 요즘은 선수 보호를 위해 투구수 조절 때문에 통산 10완봉승도 대단히 어려운 일이다. 완봉승을 만들어준다고 120개, 130개, 150개까지 공을 던지게 하다가는 완봉승을 옹호하는 팬들도 있지만 나중에 완봉승한 투수가 부진하면 그때 완봉승 때문에 혹사했다고 비난하는 팬들이 나온다. 그리고 투수 본인이 완봉승 욕심에 9회 쓰리아웃까지 가려고 해도 투수코치가 100개를 넘으면 교체해 버리는 시대가 되었다.

1990년대 초·중반까지만 해도 신문에 "윤학길이 9이닝 산발 5안타로 막으며 완봉승을 하였다." 같은 기사에서, '산발'이라는 단어를 쉽게 볼 수 있었다. '산발'은 때때로 일어난다는 뜻으로 완봉승에서 '산발'은 안타를 연속으로 맞지 않아서 점수를 한 점도 내주지 않았다는 뜻이다. 그러나 2000년 이후부터는 완봉승 투수가 줄어들면서 '산발'이란

단어를 만나기 어려워졌다.

　　2010년대 느림의 대명사 유희관은 100승을 기록한 것도 신기하지만 완봉승을 2번 기록하였다. 2017년 5월 20일 광주 기아 경기에서의 2번째 완봉승은 선수 자신이 완봉승 욕심으로 코치에게 계속 던지게 해달라고 사정해 122개까지 공을 던지며 만든 완봉승이다.

　　투수 개인 한 해 최고 완봉승은 1986년의 선동열과 1995년 김상진의 8번이다. 한국프로야구를 대표하는 강타자지만 선수 부족으로 1986년까지 투수를 겸업한 김성한도 2번 완봉승을 하였다. 마무리 투수로 활약하던 해에 선발로 나와 완봉승을 한 투수도 있다. 원조 소방수라고 불리는 권영호는 주로 마무리 전문으로 출전했던 1986년 38경기 출장 중 10번 선발로 나와 1번의 완봉승을 거두었다.

　　빙그레, 한화 시절 풍운아로 찍혔던 노장진은 1999년 삼성에 와서 프로 전 이름값을 하며 15승을 하였고, 현대를 상대로 프로 통산 한 번의 완봉승을 하였다. 이때 삼성 팬들은 노장진이 9회까지 던지고 완봉승을 챙기길 바랐고, 경기 막판 투수코치가 마운드에 올라와 노장진의 공을 빼앗지 않고 덕아웃으로 내려갔을 때는 관중들이 박수를 보냈다.

　　완봉승 한 번도 기록하기 어려운데 더 어려운 연속경기 완봉승도 있었다. 최고는 3경기 연속 완봉승이다. 기록보유자는 하기룡, 이상군, 선동열, 김상진, 송승준이다. 3경기 연속 완봉승은 원년부터 있었다. MBC 청룡의 하기룡이다.

역대 완봉승 순위

	이름	팀	연도	완봉승	비고
1	선동열	해태	1985~1995	29	
2	윤학길	롯데	1986~1997	20	
3	정민철	빙그레	1992~2009	20	
4	조계현	해태 〉 삼성 〉 두산	1989~2001	19	
5	이강철	해태 〉 삼성 〉 해태	1989~2005	18	
6	김상진	OB 〉 삼성 〉 SK	1989~2003	17	
7	김시진	삼성 〉 롯데	1983~1992	16	
7	장호연	OB	1983~1995	16	
7	한용덕	빙그레	1988~2004	16	
10	최동원	롯데 〉 삼성	1983~1990	15	
11	한희민	빙그레 〉 삼성	1986~1993	13	
12	김진욱	OB 〉 쌍방울	1984~1993	12	
13	정삼흠	MBC	1985~1996	11	
13	송진우	빙그레	1989~2009	11	
15	성준	삼성 〉 롯데	1986~1999	10	
15	이상군	빙그레	1986~1996 1999~2001	10	
15	김태원	MBC	1986~1998	10	
15	양상문	롯데 〉 청보	1985~1993	10	
19	정민태	태평양 〉 기아	1992~2008	9	
19	최일언	OB 〉 LG 〉 삼성	1984~1992	9	
19	하기룡	MBC	1982~1989	9	

구원승,
우연의 승리만은
아니다

요즘은 구원승에 대해 30~40년 전의 의미가 많이 희석되었다. 구원승을 했다고 하면 안 좋은 쪽으로 오해를 한다. 마무리 투수가 블론 세이브로 얻는 구원승을 생각한다. 아니면 셋업맨이 1~2이닝 던지는 동안 우연히 팀이 지고 있다가 역전해서 생기는 것으로 우연히 얻은 승리로 생각한다.

그러나 30~40년 전만 해도 구원승은 선발투수 못지않게 큰 의미를 가졌다. 선발투수가 초반 무너지면 올라와서 팀이 역전해서 이기고 있을 때 5회 넘게 던져 역전당하지 않으면 생기는 승리로 구원승 하면 말 그대로 구세주 같은 느낌을 주었다.

요즘은 투수 등판이 루틴이 되어서 선발투수가 5이닝 던지면 셋업맨이 나와서 보통 1이닝씩 던진다. 많이 던져봐야 2이닝을 넘기지 않는다. 팀이 결승점을 내면 승리투수가 되므로 2이닝도 안 던지고 구원승 투수가 된다. 그러나 5이닝 이상 구원승은 1990년대 중반까지 아주 흔했다. 1984년 구원왕 윤석환은 5회부터 올라와 9회까지 마운드를 지키며 구원승을 챙겨 구원승이 10승이다.

1980년대에서 1990년대 중반까지만 해도 예를 들어 선발투수가 초반에 5실점을 하면 두 번째 투수가 올라와 실점 없이 잘 던지면서

7~8회에 팀이 역전하고 리드를 지키면 구원승을 챙겼다. 1984년 한국시리즈에서 혼자 4승으로 유명한 최동원은 6차전에서 5회에 올라와 5이닝 구원승 기록도 갖고 있다. 팀의 에이스를 이런 때 마운드에 올려 구원승 투수가 되는 경우가 흔했다.

1990년대 초반 해태는 선동열을 다승왕으로 만들기 위해 잘 던지던 선발투수 이강철을 5이닝 채우기 전 아슬아슬하게 강판시켰고, 빙그레 한희민은 선발로 잘 던지다가 코칭스텝과의 문제로 5회에 교체되는 일이 있었다.

한 시즌 최다 구원승은 1997년 쌍방울 김현욱의 20승이다. 믿을만한 선발투수가 없다고 김성근 감독이 짜낸 그 유명한 벌떼 마운드 운영으로 김현욱이 70경기 등판하여 나온 20승이다. 김성근 감독의 비슷한 작품이 5년 전 삼성에서도 있었다. 그 유명한 오봉옥의 13승 무패다. 13승 중 구원승이 11승이다. 오봉옥은 김현욱처럼 '믿을맨'으로 올라오기보다는 오봉옥이 올라오기 전에는 승리투수 여건이 안 되었는데 오봉옥이 올라오고 난 후 팀이 역전시켜서 승리투수 여건이 생겨서 챙긴 11승이다.

20승은 안 되지만 김현욱 이전에도 그에 못지않은 구원승 투수들이 1980년대와 1990년대에 있었다. 최동원은 1984년 27승 중 18승이 구원승이고, 1996년 구대성은 18승 중 16승이 구원승이었다. 최동원, 구대성 둘 다 그해 최다승 투수에다 MVP까지 차지했다. 1988년 또 한 번 구원왕이 된 윤석환은 13승 4패 14세이브로 13승이 모두 구원승이었다. 1999년 구원왕 진필중도 16승이 모두 구원승이다.

구원승 20걸에는 대부분이 마무리, 셋업맨이지만 2위 선동열, 11위 최동원, 송진우 이름도 포함되어 있다. 특히 선동열의 146승 중 절반인 73승이 구원승이었다는 것은 올드팬들도 의아해할 것이다.

구원승 통산 1위는 임창용이다. 마무리투수 전문으로 이름을 날린 임창용은 2001년부터 2003년까지 선발 전문투수를 했지만 2018년까지 셋업맨과 마무리로 활약하며 자신의 통산 130승 절반이 넘는 77승이 구원승이다. 선발투수로도 통산 140번 나왔지만, 2001년에서 2003년까지 선발투수가 되기 전 2000년까지 47승이 모두 구원승이었다. 특히 1997년에는 14승, 1998년에는 13승으로 두 자리 구원승을 거두었다.

구원승 통산 2위 선동열은 의외로 시즌 선발로 20번 이상 나온 해가 1986년과 1991년 2시즌이다. 1989년 21승 중 구원승이 12승, 1990년 22승 중 구원승이 11승이었다. 선동열을 선발로 내보내기보다는 팀이 이길만하다 싶으면 앞에 투수를 강판시키고 선동열을 구원으로 투입하였다.

3위는 71승의 김현욱이다. 김현욱은 선발로 통산 2번 등판했고, 71승이 모두 구원승이다. 1997년부터 2004년 마지막 시즌까지 한 번도 선발 등판이 없었다. 특히 1997년 구원승 20승은 앞으로도 깨지기 어려운 기록이다. 20승 2패, 승률이 9할이 넘어 그 시절 김현욱 하면 그야말로 '믿을맨'이라고 불렀다.

통산 구원승 순위

	이름	팀	연도	통산승	구원승
1	임창용	해태 〉 삼성 〉 기아	1995~2018	130	77
2	선동열	해태	1985~1995	146	73
3	김현욱	삼성 〉 쌍방울 〉 삼성	1993~2004	71	71
4	김용수	MBC	1985~2000	126	67
5	조웅천	태평양 〉 SK	1990~2009	64	64
5	정우람	SK 〉 한화	2004~	64	64
7	권혁	삼성 〉 한화 〉 두산	2002~2020	58	56
8	구대성	빙그레	1993~2010	67	53
9	안지만	삼성	2003~2016	60	52
10	송유석	해태 〉 LG 〉 한화	1987~2001	62	51
11	최동원	롯데 〉 삼성	1984~1990	103	47
11	송진우	빙그레	1989~2009	210	47
13	진필중	OB 〉 기아 〉 LG	1995~2006	75	46
13	정대현	SK 〉 롯데	2001~2016	46	46
15	오봉옥	삼성 〉 쌍방울 〉 해태 〉 한화	1992~2006	63	45
15	이동현	LG	2001~2019	53	45
17	박정진	한화	1999~2017	45	43
18	정명원	태평양	1989~2000	75	42
18	정현욱	삼성 〉 LG	1996~2016	51	42
20	김재윤	KT	2015	39	39

통산이닝도
투수의 자질과 실력을
평가하는 기준

투수의 통산 성적에서 다승, 방어율, 세이브가 주(主)관심분야다. 그런데 통산이닝 역시 선수 평가의 기준이 된다. 통산이닝이 순위에 들었다면 꾸준함, 인내성, 자기관리가 어느 정도인지 보여준다. 하지만 통산이닝 순위는 대부분 선발투수들이고 불펜투수들은 선발투수만큼 많은 이닝을 던질 수 없어 순위에서 빠져 있다.

    1,000이닝 이상 던진 투수는 2022년까지 1,001이닝으로 턱걸이한 롯데 박세웅까지 86명이다. 마무리 전문이나 셋업으로만 활약했던 투수들은 1,000이닝 기록에 이름이 빠져 있다. 최다 세이브 오승환은 677이닝으로 앞으로 선수생활을 더해도 1,000이닝은 어려울 것으로 보이고 세이브 통산 2위 손승락은 804와 3분의 2이닝에서 은퇴했다.

    한국프로야구에서 3,000이닝 투수는 송진우 1명이다. 3,000이닝을 던지려면 한 시즌 100이닝을 던질 경우 30년, 200이닝을 던질 경우 15년을 꾸준히 던져야 나오는 기록이다. 송진우는 21년 프로유니폼을 입었으니까 한 시즌 평균을 계산하면 143이닝을 던진 셈이다. 송진우가 3,000이닝을 던지게 된 과정을 보면 결코 순탄치 않았다. 김영덕 감독 시절 혹사를 당했다는 말이 많았다. 1990년 11승 27세이브, 1991년

11승 11세이브, 1992년 19승 17세이브를 했다는 것은 선발과 구원 가리지 않고 정해진 보직 없이 혹사당했다는 것을 보여준다. 1997년부터 성적이 떨어지기 시작했고 1998년 4점대 후반 방어율을 기록하며 한물갔다며 은퇴해야 된다는 이야기를 들었고 만약 은퇴했다면 송진우의 통산 이닝은 1,523과 3분의 2이닝에서 끝났다. 그러나 1999년 계형철 코치를 만나고 1999년 15승을 하며 2009년까지 선수생활을 연장하며 마지막 해 3,000이닝을 돌파하고 영광스럽게 은퇴하였다.

2,000이닝 투수는 통산이닝 2위 정민철을 비롯해 6명의 투수가 달성하였다. 2,000이닝 던진 투수들의 이름을 보면 정민철, 이강철, 김원형, 배영수, 양현종, 한용덕이다. 모두 2,000이닝에 오기까지 위기가 있었다.

정민철은 1999년 통산 1,503이닝을 던지고 해외진출을 하였고, 2002년 복귀했을 때는 예전의 정민철이 아니었다. 다행히 실력보다는 예전 이름으로 2009년 은퇴할 때까지 계속 선발투수가 되었고, 정통파 투수를 버리고 기교파 투수로 변신하여 예전의 정민철은 아니었지만 통산 다승 2위와 함께 통산이닝도 2위를 기록하고 은퇴하였다.

이강철은 1998년 10년 연속 두 자리 투수가 되었을 때는 무난했지만 1999년 1년을 통째로 재활하느라 쉬었다. 1998년 시즌 후 1,833과 3분의 1이닝을 던졌고, 2000년 FA로 삼성에 이적했을 때는 예전의 이강철이 아니었다. FA 몸값을 제대로 못해 2001년 시즌 중 친정팀 해태로 다시 돌아갔고, 2002년부터 선발투수에서 완전히 셋업맨으로 변신하여 2,000이닝을 돌파하며 마운드 운영에 보탬이 되었다.

강상수는 가까스로 1,000이닝을 돌파하고 은퇴한 선수다. 1,010과 3분의 2이닝을 던졌다. 원래 선발인데 1999년부터 마무리로 변신하여 한때 부진한 모습을 많이 보여주어 열성적인 롯데 팬들로부터 악플이 많이 달렸던 선수지만, 롯데 마운드 운영에는 숨통을 틔어주었다.

해외를 넘나들던 최향남은 996과 3분의 1이닝에서 마쳤다. 1990년대 마운드가 약한 삼성에서 에이스 역할을 하며 한때 전천후로 활약했던 박충식은 6년 전성기 후에 재활로 고생하며 989와 3분의 1이닝, 선수협 문제로 구단과 마찰을 빚은 후 연예계로 데뷔한다고 은퇴한 강병규는 978과 3분의 1이닝에서 끝났다.

한 시즌 최고 이닝은 장명부의 427이닝이고, 장명부에는 못 미치지만 또 다른 재일교포 김일융은 1984년 222이닝, 김신부도 1986년 첫 해 233이닝이나 던졌다.

고등학교, 대학교를 막 졸업했거나 2군에만 있다가 1군 엔트리에 들어 신인 시절부터 바로 경험도 없고 스스로에게 맞는 노하우도 없이 200이닝 이상 던진다면 대단한 일이다. 1989년 태평양 박정현은 242이닝, 최창호는 223이닝을 넘었다. 1986년 이상군 243과 3분의 1이닝, 김건우 229와 3분의 2이닝, 염종석 204와 3분의 2이닝, 류현진 201과 3분의 2이닝을 던졌다.

200이닝 이상 던지고 나면 다음 시즌에 대해 말이 많은데 류현진은 국내에서 98승, 메이저리그에서도 75승을 올렸으며, 이상군도 100승을 돌파하였다. 그러나 염종석은 후유증 때문인지 괴물투수는 신인일 때 한 번뿐이었다. 김건우도 2년째가 첫 해만큼은 못했고 그 후 교통사고로 겨우 몇 년 더 선수생활을 하였다. 최창호는 2년 후 또 200이닝을 넘겼고, 박정현은 신인왕 수상 후 3년 동안은 건재하였다.

마무리 전문, 홀드 전문 투수는 10년 넘게 뛰어도 1,000이닝이 되지 않는다. 세이브 1위 오승환 677이닝, 2위 손승락 804와 3분의 2이닝, 3위 임창용은 전천후로 활약해서 1,720이닝이 넘는다. 홀드 1위인 안지만 844이닝, 권혁 874이닝, 진해수 559와 3분의 2이닝이다. 특히 한 번도 선발로 나온 적이 없는 오승환은 610경기에 출장해 한 경기 평균 1.1이닝이다.

통산이닝 순위

	이름	팀	연도	통산 이닝
1	송진우	빙그레	1989~2009	3,003
2	정민철	빙그레	1992	2,394 2/3
3	이강철	해태 〉 삼성 〉 해태	1989~2005	2,204 2/3
4	김원형	쌍방울	1991~2010	2,171
5	배영수	삼성 〉 한화 〉 두산	2000~2019	2,167 2/3
6	양현종	기아	2007~	2,161 1/3
7	한용덕	빙그레	1987~2004	2,080
8	장원준	롯데 〉 두산	2004~	1,959
9	윤성환	삼성	2004~2020	1,915
10	정삼흠	MBC	1985~1996	1,894 2/3
11	윤학길	롯데	1986~1997	1,863 2/3
12	김광현	SK	2007~	1,847
13	김용수	MBC	1985~2000	1,831 1/3
14	정민태	태평양	1992~2008	1831
15	이상목	삼성 〉 빙그레 〉 롯데 〉 삼성	1990~2008	1830 2/3
16	조계현	해태 〉 삼성 〉 두산	1989~2001	1823 1/3
17	장호연	OB	1983~1995	1805
18	염종석	롯데	1992~2008	1791 1/3
19	김상진	OB 〉 삼성 〉 SK	1989~2003	1787 2/3
20	김수경	현대	1998~2012	1769 1/3

볼넷 허용,
투수에게는
필요악일까?

1990년 한국시리즈 삼성과 LG 경기에서 2차전 연장 11회 말 김영직의 끝내기 밀어내기 볼넷은 LG팬에게는 짜릿하고 그때까지 한 번도 한국시리즈 우승을 못해본 삼성팬에게는 가슴 아픈 기억이다.

심수창에게 '제로퀵'이라는 별명이 있었다. 한화 시절 2016년 5월 4일 SK와의 인천 경기에서 선발투수로 나와 1회말 1, 2, 3번을 볼넷으로 내보내고 정의윤에게 만루홈런을 맞고 강판된 경기 때문에 생겼다. 심수창이 은퇴 후 예능프로 '아는 형님'에서 이야기하기를 그날 부모님이 경기를 보러 오시기로 했는데 마운드에 오른 지 10분 만에 강판되어 경기장에 도착해서는 아들을 보지 못했다고 한다.

헤드 샷으로 문제를 일으켰던 리즈는 그 사건보다 훨씬 앞에 제구력 난조로 4구도 남발하였다. 2012년 4월 13일 잠실 LG와 SK 경기에서 5:5 연장 11회에서 리즈는 4타자 연속 4구를 허용하고 1실점 후 우전안타를 맞아 패배의 원인을 제공했다.

볼넷을 허용하는 투수에 대해 아주 부정적인 경향이 강하다. 그러나 사회의 필요악처럼 볼넷도 던지다 보면 나올 수 있는 것이다. 메이저리그 최고 강속구 투수 놀란 라이언은 5,714개 탈삼진 기록과 함께

2,795개의 볼넷 허용으로 메이저리그 최다 볼넷 허용 투수로도 기록되어 있다. 우리나라도 볼넷 허용 통산 순위에 들어가는 선수들 모두 한국을 대표하는 투수들이다.

그러나 지나친 볼넷 남발은 문제가 되기도 했다. 2003년 6월 22일 SK는 대구 삼성 경기에서 9회 초 4:4 동점을 만들었으나 9회 말 수비에서 송은범이 4구 3개를 허용했고, 다음 타자 조웅천이 이승엽에게 끝내기 만루홈런을 맞는 바람에 송은범은 패전투수가 되었고, 이승엽은 프로 2번째 영광의 300홈런을 기록했다.

투수의 볼넷 허용으로 가장 유명했던 선수는 김시진이다. 통산 755개의 볼넷 허용으로 통산 6위다. 1985년부터 2000년까지 통산 최다 볼넷 허용 투수 1위에 올라와 있었다. 1984년 112개, 1985년 121개, 1986년 110개로 3년 연속 세 자리 볼넷을 허용했다. 통산 1,577이닝에 755개의 볼넷을 허용해 9이닝 완투한다고 계산했을 때 4.3개의 볼넷을 허용하는 투수다. 한 경기 최다 볼넷 기록도 갖고 있다. 1984년 9월 4일 대구 해태 경기에서 9이닝 완투 11개, 롯데유니폼을 입고 1989년 4월 14일 OB 경기에서 14회 완투 11개의 볼넷을 허용하였다. 그러나 감독이 되고 나서는 자신의 팀 투수들의 볼넷 허용에 대해 아주 엄격했다. 투수들에게 볼넷 허용에 대해 경고를 많이 하였고, 벌금을 물린 적도 있다.

김시진은 9이닝 4.3개의 볼넷을 허용하는데 정면승부를 한다고 정평이 난 최동원, 조계현, 이상훈과 9이닝 볼넷을 비교해보면 최동원은 1,414와 3분의 2이닝을 던지고 372개의 볼넷을 허용하여 9이닝 2.3개의 볼넷으로 김시진과 많은 차이가 나고, 조계현은 1,823과 2분의 1이닝을 던지고 605개의 볼넷으로 9이닝 2.9개, 이상훈은 909와 3분의 2이닝을 던지고 302개의 볼넷을 허용 9이닝 3.7개의 볼넷을 허용했다.

1,155개의 볼넷으로 통산 1위 송진우는 3,003 최다이닝 투수로 9

이닝 3.4개의 볼넷을 허용하는 투수다. 그러나 100개 이상 볼넷을 허용한 적은 한 번도 없다. 최고 기록이 1992년 97개이고, 김시진처럼 200이닝을 넘긴 적은 한 번도 없다.

국보급 투수 선동렬은 볼넷 허용에서도 1,647이닝에 342개로 9이닝 1.8개의 볼넷이니까 국보급 투수답다. 1980년대 제구력 좋은 투수로 정평이 난 임호균은 9이닝 3.7개, 김용수 2.4개, 이상군 2.4개다. 임호균의 공은 위력적이지 않아 강타자를 피하는 볼넷을 던지거나 유인구에 상대 투수가 속지 않아서인 것으로 추측된다.

500이닝 이상 던진 투수 중 9이닝으로 계산했을 때 볼넷 허용 비율이 가장 낮은 투수는 1990년대 삼성 에이스 박충식이다. 989와 3분의 1이닝을 던지고 166개를 허용하여 9이닝 1.5개의 볼넷을 허용하는 투수다. 볼넷 허용 비율이 가장 높은 선수는 고효준이다. 810이닝을 던지고 541개의 볼넷을 허용하며 9이닝 볼넷 허용이 6개다.

9이닝 볼넷 허용 비율을 계산했을 때 볼넷이 많은 투수는 고효준 외에 노장진, 강윤구, 김영수가 있고, 볼넷이 적은 투수는 박충식 외에 고영표, 원조 해태 김용남, 요키시, 이상목이 있다.

볼넷 허용 통산 순위

	이름	최종팀	연도	볼넷허용	이닝	9이닝볼넷
1	송진우	한화	1989~2009	1,155	3,003	3.46
2	양현종	기아	2007~	845	2,161.1	3.52
3	장원준	두산	2004~	829	1,959	3.81
4	이강철	기아	1989~2005	797	2,204.2	3.25
5	김수경	넥센	1998~2012	768	1,769.1	3.91
6	김시진	롯데	1983~1992	755	1,577	4.31
7	김원형	SK	1991~2010	745	2,171	3.09
8	차우찬	LG	2006~	736	1,668.2	3.97
9	박명환	NC	1996~2015	731	1,613.2	4.08
10	배영수	두산	2000~2019	724	2,167.2	3.01
11	김광현	SSG	2007~	691	1847	3.37
12	정삼흠	LG	1985~1996	663	1894.2	3.15
12	최창호	LG	1987~2002	663	1540.2	3.87
14	정민철	한화	1992~2009	655	2394.2	2.46
15	노장진	롯데	1993~2006	651	1132.2	5.17
16	김정수	SK	1986~2003	641	1394	4.14
17	송승준	롯데	2007~2020	633	1645.2	3.46
18	송은범	LG	2003~	629	1450.1	3.90
19	장호연	OB	1983~1995	626	1805	3.12
20	조계현	두산	1989~2001	605	1823.1	2.99

사구 허용 투수,
사구의 원인은 뭘까?

야구중계를 보면 신인이거나 1군에서 본 적이 별로 없는 투수가 올라와서 제구력 부족으로 사구를 던지는 경우를 볼 수 있다. 그러나 역대 통산 순위에서 이런 선수는 찾을 수 없다. 계속 기회를 주지 않기 때문이다.

통산 사구 랭킹 1위는 189개의 이강철이다. 123개의 사구로 6위인 김정수는 자신의 공과 120km대인 이강철의 공은 아픈 정도가 다르다고 자부심(?)을 갖고 있는 듯이 이야기하였다. 맞으면 무척 아플 것 같은 묵직한 돌직구를 던지는 노장진은 통산 사구 43개, 오승환은 통산 14개의 사구를 허용했다.

재일교포나 용병들 중에서 시즌 최다 사구를 허용하고 돌아간 선수들이 꽤 된다. 41년 동안 한 시즌 최다 사구 허용 투수는 2003년 리오스의 28개다. 리오스는 용병 투수이지만 통산 사구가 5위에 올라 있다. 6시즌 기아와 두산에서 활약하면서 통산 125개로 한 해 평균 20개의 사구를 던졌다. 2002년에서 2004년까지 3년 연속 20개 이상 사구, 2003년부터 2007년까지 5년 연속 시즌 최다 사구를 허용하고 한국을 떠났다. 투구 패턴이 몸 쪽 위협구를 던진 후 바깥쪽으로 던지는 스타일로 몸 쪽 공을 즐기다보니 제구가 약간 빗나가 사구가 많았다.

재일교포 언더핸드 김신부는 약팀 인천 청보, 태평양 유니폼을 입었던 에이스 투수였다. 장명부, 김일융처럼 특별한 기록은 없지만 1986년, 1988년 시즌 최다 사구를 허용했다. 용병투수는 2021년 롯데 프랑코가 최다 20개를 허용했다. 빠른 공 평균 구속이 149km투수로 제구력이 떨어져 프랑코의 공에 맞고 다음날 결장한 선수들이 몇 명 나왔다. 2015년 해커 25개, 2018년 후랭코프는 22개의 사구를 허용했다.

신인이라서 흔들리는지 언더핸드라서 그런지 1996년에 입단해 1997년 처음 1군에 오른 삼성 정성훈은 77이닝 19개 사구로 최다를 기록했다. 1999년에는 두 명의 옆으로 던지는 신인 투수가 1, 2위를 했다. 유동훈은 155와 3분의 1이닝을 던져 19개, 박장희는 117과 3분의 1이닝을 던져 16개를 허용했다. 2001년에는 방어율 1위 박석진이 사구도 19개로 가장 많았다.

제구력이 좋은 투수로 정평이 난 투수들의 사구는 임호균이 통산 849이닝 던지고 22개의 사구로 38.5이닝 당 사구 1개, 이상군은 통산 1,437이닝 던지고 62개의 사구로 22.7이닝 당 1개, 김용수는 통산 1,831과 3분의 1이닝을 던지고 61개의 사구로 30.0이닝 당 1개를 허용했다. 제구력과 강속구를 모두 갖춘 정민태는 1,831이닝을 던지고 39개의 사구를 허용했다. 특히 2000년은 207이닝을 던지고 1개의 사구만 허용했다.

통산 사구 1위는 이강철이지만 투수 개인 간에 이닝 차이가 많이 나서 500이닝 이상 던진 투수 중 9이닝 완투할 때 1개 이상 사구가 나오는 투수는 박종훈, 마정길, 유동훈, 박석진, 고영표, 김건한, 신승현, 한현희다. 김건한을 빼고는 모두 오버핸드가 아닌 옆으로 던지는 언더핸드나 사이드암 투수들이다. 박종훈은 997이닝 139개의 사구를 던져 9이닝 완투하면 1.2개 사구를 던진다는 계산이 나온다. 1경기 완투 때 누

군가 1명은 박종훈의 공에 맞는다는 이야기다.

　　1,000이닝 이상 투수 중 사구 던지는 비율이 가장 낮은 투수는 1,269이닝에 23개 사구의 류현진이다. 55.1이닝 당 사구 1개다. 그 다음은 1,540.2이닝 29개의 사구를 던져 53.1이닝 1개의 사구를 던지는 최창호다.

통산사구허용 순위

	이름	팀	연도	이닝	사구	이닝 당
1	이강철	해태	1989~2005	2204.2	189	11.6
2	임창용	해태 〉 삼성 〉 기아	1995~2018	1725.2	152	11.3
3	박종훈	SK	2011~	997	139	7.1
4	김원형	쌍방울	1991~2010	2171	136	15.9
4	배영수	삼성 〉 한화 〉 두산	2000~2019	2167.2	136	15.9
6	정삼흠	MBC	1985~1996	1894.2	127	14.9
7	리오스	기아 〉 두산	2002~2007	1242	125	9.9
8	우규민	LG 〉 삼성	2003~	1340.1	124	10.8
9	김정수	해태 〉 SK 〉 한화 〉 SK	1986~2003	2080	123	11.3
10	한용덕	빙그레	1988~2004	3003	119	17.4
11	송진우	빙그레	1989~2009	1959	117	25.6
12	장원준	롯데 〉 두산	2004~	971.1	110	17.8
13	한현희	넥센	2012~	971.1	108	8.9
14	송유석	해태 〉 LG 〉 한화	1985~2001	1159.2	104	11.1
15	윤성환	삼성	2004~2020	1915	102	18.7
〃	성영재	쌍방울 〉 해태 〉 두산 〉 LG	1993~2004	1165.1	102	11.4
17	염종석	롯데	1992~2008	1791.1	100	17.9
18	김진우	기아	2002~2018	1124.1	97	11.5
19	유동훈	기아	1999~2013	724	96	7.5
20	박석진	삼성 〉 롯데 〉 삼성 〉 롯데 〉 LG	1995~2008	761	95	8.0

피홈런 투수,
악몽이지만
어쩔 수 없다

위기에서 불안한 투수가 올라와 홈런 맞고 역전당하지 않을까 하는 걱정은 야구를 보면 늘 생긴다. 삼진이나 범타를 잡고 위기를 모면하기도 하고, 걱정대로 홈런을 맞고 맥이 풀리는 경우도 있다. 어쨌건 이것도 야구의 재미다.

    1,000이닝 이상 던진 투수 중에 가장 피홈런이 적은 투수는 선동열이다. 11년 동안 정규시즌 28개, 포스트시즌 6개의 홈런을 맞았고, 선동열로부터 2개 홈런을 친 타자 4명이 레전드로 회자될 정도다. 선동열에게 2개 홈런을 친 선수는 류중일, 박승호, 김동기, 전대영이다. 포스트시즌에서 선동열에게 홈런을 친 선수는 김성래, 김용국, 김용철, 이강돈, 강정길, 강석천이다. 1989년 한국시리즈 1차전 1회 이강돈의 선취 홈런, 1990년 플레이오프 1차전 김용국의 2점 선취 홈런, 2차전 9회 김용철의 동점 홈런 해태가 패한 경기다. 김용국의 홈런은 앞선 카운트에서 잡을 수 있는 1루 파울플라이를 김성한과 장채근이 놓친 것이고, 이강돈과 김용철은 선동열을 패전투수로 만들었다.

    피홈런이 적은 투수 순위를 매길 때 단순히 피홈런 숫자로 비교하기에는 이닝에서 차이가 나므로 1,000이닝 이상 던진 투수 중에서 몇 이닝 당 1개의 홈런을 맞는지 계산해보면 선동열은 58이닝 1개의 홈런을 맞는 투수라 독보적으로 눈에 띈다. 58이닝이면 9이닝 완투를 6~7번 할 때 피홈런이 1개 나온다는 이야기다.

2위는 최일언이 피홈런이 아주 적은 투수로 나온다. 최일언은 32이닝 당 1개 홈런을 허용하는 투수다. 선동열과 다른 기교파 투수로 맞아도 멀리 나가지 않는 무엇인가가 있는 듯하다. 3위는 1980년대와 1990년대 중반까지 불사조로 통하던 박철순이다.

1,000이닝 이상을 던진 투수 중 피홈런이 적은 랭킹 20위까지 투수 이름을 보면 김진우, 리오스를 제외하면 대부분이 1980년대 투수들이고, 1990년대 투수들이 몇 명 섞여 있다. 1980년대는 투고타저의 시대이고, 1999년부터 타고투저의 시대가 되면서 홈런이 많아졌다. 2000년대 이후 입단한 투수는 순위에 들기가 어려운 것으로 보인다. 그러나 2002년에 입단한 강속구 투수 김진우가 피홈런이 적다는 것은 의미가 있다.

피홈런이 가장 많은 투수는 한화 송진우다. 3,003이닝 던지고 272개의 홈런을 맞으며 평균을 계산하면 11이닝에 1개의 홈런을 맞았다. 피홈런이 아주 많은 편에 속하지는 않지만 이닝이 가장 많다보니 1위가 된 것이다. 언론에서 이 투수는 피홈런 투수라고 가장 많은 이미지를 심어줬던 선수는 이강철이다. 2,204와 3분의 2이닝을 던지고, 218개 홈런을 허용했다. 10이닝 당 피홈런 1개다.

500이닝 이상 던진 투수 중 이닝 당 피홈런이 가장 많은 투수는 한화를 거쳐 SSG 유니폼을 입고 있는 이태양이다. 804와 3분의 2이닝 던지고 130개 홈런을 허용했다. 빠른 공이 평균 140km을 조금 넘고, 변화구는 포크볼이 주무기인 투수다. 피홈런이 많은 이유는 공격적인 피칭 때문이라는 분석이 있다. 삼진 잡는 비율이 높은 김진성은 552와 3분의 2이닝을 던지고 87피홈런으로 이태양 다음으로 비율이 높다.

이외에 피홈런 비율이 높은 투수는 이승엽에게 가장 많은 홈런을 허용했던 최상덕과 안영명, 최영필이 있고, 채병용, 주형광, 차우찬, 장원삼, 이상목도 9이닝 완투하면 평균 피홈런 1개는 되는 투수들이다.

피홈런 투수 이야기를 하면 이승엽에게 홈런을 허용한 투수들을 이야기하지 않을 수 없다. 이승엽에게 홈런을 가장 많이 맞은 투수는 최상덕으로 7개다. 최상덕은 보통 선발투수처럼 최고구속 140km중반이 나오고 변화구는 슬라이더, 체인지업을 던졌다.

강병규, 정민철, 오철민, 김수경, 주형광은 6개다. 1999년 정민철의 146km의 바깥쪽 꽉 찬 공을 홈런 쳤을 때는 어쩔 수 없는 피홈런이라고 하였다. 주형광 역시 코너워크 위주의 투수로 꽉 찬 공을 던졌으나 이승엽이 잘 쳐서 어쩔 수 없다는 것이다.

송진우, 정민태, 한용덕, 최창호, 이광우, 김정수, 류택현, 박지철, 오상민, 김영수는 5개이고, 박명환, 손민한, 이혜천은 4개의 홈런을 이승엽에게 맞았다.

이승엽의 피홈런 투수들을 보면 정민철, 정민태, 송진우 같은 1990년대 최고의 투수들이 이승엽에게 5개 이상의 홈런을 허용했다. 이강철은 이승엽의 프로 데뷔 첫 피홈런 투수다. 1995년 5월 2일 광주 경기에서 허용하였고, 이강철은 한국을 대표하는 언더핸드 투수지만 양준혁에게 엄청나게 약한 투수, 이승엽 첫 피홈런 투수로도 이름이 종종 나온다.

이닝 당 피홈런 낮은 투수 순위 (1,000이닝 이상)

	이름	이닝	상대타자	피홈런	타자당	이닝당
1	선동열	1,647	6,411	28	218	58
2	최일언	1,115.1	4,673	34	137	32
3	박철순	1050.1	4,338	43	100	24
4	정명원	1093	4,441	51	87	21
5	김용수	1831.1	7,527	86	87	21
6	최동원	1414.2	5,730	70	81	20
7	김시진	1577	6,601	82	80	19
8	윤학길	1863.2	7,698	103	74	18
9	장호연	1805	7,532	100	75	18
10	계형철	1286	5454	73	74	17
11	오영일	1043	4461	60	74	17
12	김태원	1399.2	5828	83	70	16
13	박정현	1090.2	4629	67	69	15
14	조계현	1823.1	7502	113	66	16
15	김진우	1124.1	4909	71	69	15
16	김기범	1055.2	4471	67	66	15
17	유종겸	1039.1	4363	67	65	15
18	진필중	1119.1	4705	73	64	15
19	리오스	1242	5162	85	60	14
20	염종석	1791.1	7547	125	60	14

탈삼진 많이 잡는 투수는
맞혀잡는 투수가 맛보지 못한
어떤 스릴을 느낄까

응원하는 팀이 수비할 때 관람하거나 시청하는 입장에서는 투수가 삼진을 잡을 때 가장 마음이 편하다. 배트에 맞아 앞으로 뻗어 나갈 때는 안타를 맞거나 득점을 허용할까 하여 뭔가 불안감이 있다. 관중석에서 응원할 때 팀이 수비에 들어가면 3구 삼진이라는 말을 큰소리로 외친다. 3구 안에 승부가 나지 않고 한 타자를 상대로 계속 공을 던지면 4구 삼진, 5구 삼진, 6구 삼진이라고 한다. 야수에게 공이 가는 것보다 탈삼진으로 아웃을 잡는 것이 가장 마음 편하고, 멋있기 때문이다.

    아웃을 잡을 때 탈삼진 비율이 높은 투수들은 보통 강속구 투수들이다. 500이닝을 기준으로 9이닝 던질 때 9개 이상의 탈삼진을 잡는 투수는 오승환, 구대성, 선동열, 김진성 4명이다. 오승환, 구대성, 선동열은 우리나라를 대표하는 강속구 투수들로 마무리 전문 투수들이다. 마무리 전문투수는 노아웃, 원아웃에서 주자가 3루에 있을 때 맞혀 잡기보다는 탈삼진으로 잡아야 점수를 내주지 않기 때문에 3명은 적성에 맞는 투수들이다.

    공이 빠르고, 무브먼트가 좋고, 위력적이라서 탈삼진이 많을 것 같은 투수 5명을 예로 뽑자면 이상훈, 임창용, 박명환, 정민태, 정민철이다. 9이닝 던졌을 때 탈삼진을 몇 개 잡는지 비율을 보면 이상훈 7.73개,

박명환 7.93개, 임창용 7.69개, 정민태 6.28개, 정민철 6.24개다. 아무도 20위에는 들지 못하고 보통 투수들에 비해서 많은 편일 따름이다. 특히 정민태는 강속구와 제구력을 모두 갖추고 위력적인 공을 던지는 투수인데 탈삼진에서는 의외다.

  500이닝을 기준으로 20위까지 순위를 매겼을 때 20위까지 모두 9이닝 던졌을 때 탈삼진이 8개가 넘는 투수들이다. 언더핸드 사이드암은 탈삼진 비율이 많지 않은데 권오준이 유일하게 8.44개로 15위에 이름이 있다. 빠른 공과 같은 자세로 던져서 타자에게 향하는 공이 빠른 공이라 생각하고 거기에 맞춰 스윙하는데 빠른 공과 구속이 달라 타이밍을 뺏겨 헛스윙을 하는 권오준의 서클체인지업이 있었기 때문이다.

  2000년대 150km 후반까지 던지며 원조 파이어볼러라고 불리던 엄정욱은 341이닝 넘게 던지고 370개의 탈삼진으로 9이닝 던졌을 때 9.75개가 된다. 2006년에 입단해 150km은 쉽게 던졌던 한기주는 455이닝 넘게 던지고 314개의 탈삼진을 잡으며 9이닝 동안 6.2개로 명성에 비해 탈삼진이 그렇게 많은 편은 아니다. 파이어볼러로 앞으로의 활약이 더 기대되는 안우진은 469이닝 넘게 던지고 501개의 탈삼진으로 9이닝 탈삼진이 9.6개로 오승환, 구대성 다음이다.

탈삼진 비율 높은 투수 순위 (500이닝 이상)

	이름	주요팀	연도	이닝	삼진	9이닝삼진
1	오승환	삼성	2005~	677	772	10.26
2	구대성	한화	1993~2010	1128.2	1221	9.74
3	선동열	해태	1985~1995	1647	1698	9.28
4	김진성	NC	2005~	552.2	568	9.26
5	구창모	NC	2015~	628.2	625	8.95
6	고효준	SK	2002~	810	802	8.91
7	류현진	한화	2006~	1269	1238	8.78
8	정우람	SK	2004~	937	907	8.71
9	강윤구	넥센	2009~	638.2	617	8.70
10	정재훈	두산	2003~2017	705.1	677	8.64
11	강영식	롯데	2000~2017	679	651	8.63
12	김원중	롯데	2012~	548	523	8.59
13	황두성	현대	1997~2011	563.2	531	8.49
14	김상수	넥센	2006~	622.2	584	8.45
15	권오준	삼성	1999~2020	729.1	684	8.44
16	조규제	쌍방울	1991~2005	894.1	838	8.44
17	밴헤켄	넥센	2012~2017	925.2	860	8.37
18	홍상삼	두산	2008~2022	548.1	505	8.29
19	안지만	삼성	2003~2016	844	773	8.24
20	박정진	한화	1999~2017	789.1	722	8.23

맞혀 잡는
투수의 매력은?

삼성과 태평양의 감독을 맡았던 정동진 감독은 가장 좋은 투수는 야수를 믿고 맞혀 잡는 투수라고 하였다. TV중계 해설자 시절 볼넷을 남발하는 투수가 있으면 맞혀 잡는 피칭을 하지 않는다고 비판하였다. 새가슴으로 불리는 투수가 나오면 좋은 공을 갖고 있으면서 왜 정면승부를 하지 않고 피하느냐고 나무랐다.

맞혀 잡는 투수는 보통 빠른 공이 130km대 정도인 기교파 투수들이다. 40년 역사를 볼 때 맞혀 잡는 투수는 요즘보다 1980년대에 많았다. 이 선수들은 삼진을 즐겨 잡는 9이닝 탈삼진 9.27개 선동열, 8.78개 류현진, 9.73개 구대성과 비교하면 많은 차이가 난다.

맞혀 잡는 투수하면 가장 먼저 떠오르는 투수는 장호연이다. 장호연은 "공 3개로 삼진 잡는 것보다 공 1개로 맞혀 잡는 것이 낫다."는 명언을 남긴 투수다. 프로통산 13년 동안 1,805이닝 던지고 625개의 삼진을 잡았다. 9이닝 3.11개의 삼진을 잡는 꼴로 27아웃카운트에서 삼진 3개 맞혀 잡기 24개라는 이야기다. 41년 통산 500이닝 이상 던진 투수를 기준으로 순위를 매기면 장호연은 10위다.

프로 원년 멤버로 1980년대 패전 처리 전문이라는 이미지가 있는 방수원은 이상윤과 스타일이 다른 기교파로 삼진보다는 맞혀 잡는 쪽으로 던졌고 원년은 이상윤에게 뒤지지 않았는데 1983년 김응용이 감독을 맡으면서 덩치가 작아서 그 당시 강속구로 삼진을 많이 잡는 편에 속하던 이상윤의 비중이 높아지고 자신은 비중이 줄어들었다고 한다.

투수가 아웃카운트를 잡는 방법은 삼진 아니면 맞혀 잡기이므로 맞혀 잡는 투수는 9이닝으로 계산했을 때 삼진이 적은 투수를 맞혀 잡는 투수라고 보면 된다. 통산 500이닝 이상 던진 투수들을 기준으로 9이닝 던졌을 때 삼진을 계산하면 수치가 가장 적은 투수는 임호균이다. 9이닝 던졌을 대 2.6개의 탈삼진을 잡았다. 빠른 공은 130km대였지만 제구력이 좋고 타자가 치지 못할 정도의 위력적인 공을 뿌리지 못해 전형적으로 맞혀 잡는 투수였다.

20위까지 선수 이름을 보면 이태일을 제외하고는 모두 1980년대에 입단한 투수들이고 이태일도 1990년에 입단한 투수다. 그 당시 강속구로 불리던 투수는 황규봉과 하기룡 2명이 있고, 10위권 안의 선수들 중 옆으로 던지는 언더핸드, 사이드암은 진동한, 박상열, 이길환, 김신부, 양일환 5명이다.

한국 프로야구 40년 역사에서 긴 인터벌로 가장 유명한 성준은 1,405와 3분의 2이닝을 던지고 575개의 삼진을 잡았다. 9이닝 동안 3.68개의 삼진을 잡은 꼴이다. 성준은 1987년 5월 12일 사직구장 롯데 경기와 1988년 5월 15일 대구 OB경기에서 2번의 무(無)탈삼진 완봉승 기록을 갖고 있다. 만일 성준이 맞혀 잡기보다 탈삼진을 잡으려고 풀카운트까지 끌고 가서 수 싸움으로 삼진을 잡는다면 경기 시간이 얼마나 더 길었을까 하는 생각이 들게 한다.

맞혀 잡는 투수 (500이닝 이상)

	이름	연도	팀	이닝	삼진	삼진/9이닝
1	임호균	1983~1990	삼미 〉 롯데 〉 청보	849	252	2.67
2	진동한	1984~1992	삼성 〉 쌍방울	598	181	2.72
3	박상열	1982~1988	OB	696	217	2.81
4	차동철	1986~1997	해태 〉 LG	818	265	2.92
5	김봉근	1984~1992	MBC 〉 청보 〉 쌍방울	590	193	2.94
6	이길환	1982~1990	MBC 〉 태평양	683	224	2.95
7	김신부	1986~1990	청보 〉 LG	599	197	2.96
8	윤형배	1992~1999	롯데 〉 쌍방울	510	169	2.98
9	양일환	1983~1989	삼성	565	191	3.04
10	장호연	1983~1995	OB	1,805	625	3.12
11	오영일	1983~1990	MBC 〉 태평양	1,043	369	3.18
12	이태일	1990~1996	삼성	637	230	3.25
13	배경환	1983~1990	롯데 〉 태평양	609	231	3.41
14	문병권	1988~1993	MBC	529	201	3.42
15	황규봉	1982~1986	삼성	676	257	3.42
16	방수원	1982~1989	해태	599	238	3.58
17	하기룡	1982~1989	MBC	817	333	3.67
18	성준	1986~1999	삼성 〉 롯데	1,405	575	3.68
19	조병천	1986~1992	청보	500	206	3.71
20	권영호	1982~1989	삼성	1,020	421	3.71

20승 투수는
꿈의 스코어

투수들이 달성하기 어려운 성적 중의 하나는 20승이다. 요즘은 20승 투수가 되기 위해서는 선발투수가 되어야 한다. 1997년 김현욱 같은 미들맨이 20승 투수가 나온 적이 있지만 만들어주기 승리가 아닌 이상 거의 어렵다. 144경기에 5인 선발 로테이션이면 28.8경기를 출장한다. 우천 연기 등으로 기회를 더 받는다면 30경기 정도 출장할 수 있는데 여기서 20승 투수가 되려면 3경기 중 2경기는 반드시 승리투수가 되어야 한다.

시즌 개인 20승 투수를 10년별로 보면 1980년대 10번, 1990년대 4번, 2000년대 1번, 2010년대 5번이다. 2020년대 1번이다.

1980년대에는 1988년을 제외하고는 해마다 한두 명씩은 나와 지금처럼 아주 대단하지는 않았다. 특히 1982년은 지금의 144경기보다 반을 조금 초과하는 80경기에서 박철순이 24승을 하였고, 1983년 100경기에서 장명부가 30승을 하였다. 1985년은 김시진과 김일융이 각각 25승으로 두 투수의 합이 50승이다. 지금 같으면 만화 같은 이야기다. 1980년대 3대 트로이카 김시진 2번, 최동원 2번, 선동열 3번이다.

아까운 20승 실패는 1986년의 최동원이다. 최동원은 3년 연속 20승 달성을 눈앞에 두고 있었다. 1986년 OB경기에서 19승에서 20승을 눈앞에 두고 3:1로 이긴 9회 김형석에게 동점홈런을 맞아 20승이 좌절되었다. 선동열도 3년 연속 20승 가능성이 있었다. 1989년 21승, 1990년 20승을 했으나 1991년은 19승으로 끝났다.

하지만 1990년대부터는 20승 달성이 쉽지 않았다. 1990년 선동열이 22승을 한 후 5년이 지난 1995년이 되어서야 이상훈이 20승을 하였다. 선동열 이후 20승 투수가 나오기 힘든 것은 우리나라 프로야구가 선진화되고 투수 생명 보호가 중시되면서 투수관리도 더 과학적으로 되었다고 볼 수도 있고, 선동열 같은 국보급 투수가 더 이상 나오지 않았던 이유도 있다.

1989년에 입단하여 1990년대 한국프로야구를 주름 잡았던 3인방 송진우, 조계현, 이강철과 통산 최다승 투수 송진우, 2위 정민철도 20승은 한 번도 하지 못했다. 1997년 쌍방울 김현욱의 20승은 다른 20승 투수와 색다르다. 모두 구원승이다. 김성근 감독이 이기는 야구를 하기 위해 승부처에서 김현욱을 올려 보냈던 것이다.

1999년 정민태가 20승을 달성했다. 33경기에 29번 선발로 나와 20승 7패 3세이브를 기록하였다. 정민태는 선발 21연승의 기록을 갖고 있다.

2000년 이후 2022년까지 시즌 20승 투수는 7번 나왔다. 2000년대는 20승 투수가 1명이다. 2007년 두산 리오스가 33경기에 출장해 33번 모두 선발로 20승 7패 3세이브 2.07의 방어율을 기록했다. 2007년은 리오스가 한국에서 마지막 선수생활을 했던 시즌으로 유종의 미를 거두었다.

2010년대에 6명이나 나왔다. 주인공은 2014년 넥센 밴헤켄, 2016년 두산 니퍼트, 2017년 기아 양현종과 헥터, 2019년 두산 린드블럼, 2020년 두산 알칸타라다. 5명의 용병 투수 중에서 두산에서 3명의 20승 투수가 탄생하였다. 알칸타라는 빠른 공이 150km를 넘으며 2019년 KT 시절에는 빠른 공 비중이 33% 정도이고, 슬라이더, 체인지업, 싱커 등 골고루 던졌으나 두산에서는 빠른 공, 슬라이더, 스플리터 3구종

비중이 90% 가까이 되면서 11승에서 20승 투수가 되었다. 린드블럼은 빠른 공은 평균 140km 중반이고, 변화구는 슬라이더 비중이 높으며, 커브, 체인지업, 스플리터, 싱커 등의 구종을 다양하게 던졌다.

　기아에서 3년 뛰며 2017년 양현종과 함께 20승을 한 헥터는 빠른 공이 140km 중반에 체인지업이 일품이었고, 용병 최다승 투수 니퍼트는 평균 140km 중후반의 빠른 공이 아주 위력적이었다. 니퍼트가 활약할 당시 '빠른 공이 가장 위력적인 투수가 누구냐?'고 야수 70명에게 물었을 때 니퍼트가 1위를 하였다. 밴헤켄은 빠른 공 평균이 140km 안팎인 기교파 투수로 스플리터가 좋았고, 같은 빠른 공이라도 구속의 차이로 상대타자 타이밍을 빼앗는 완급 조절이 아주 좋았다.

연도별 20승 투수들

연도	이름	팀	성적	출장경기
1982	박철순	OB	24승4패	36
1983	장명부	삼미	30승16패	60
	이상윤	해태	20승10패	46
1984	최동원	롯데	27승13패	51
1985	김시진	삼성	25승5패	47
	김일융	삼성	25승6패	34
	최동원	롯데	20승9패	42
1986	선동열	해태	24승6패	39
1987	김시진	삼성	23승6패	33
1989	선동열	해태	21승3패	36
1990	선동열	해태	22승6패	35
1995	이상훈	LG	22승6패	30
1997	김현욱	쌍방울	20승2패	70
1999	정민태	현대	20승7패	33
2007	리오스	두산	22승5패	33
2014	벤헤켄	넥센	20승6패	
2016	니퍼트	두산	22승3패	28
2017	양현종	기아	20승6패	31
	헥터	기아	20승5패	30
2019	린드블럼	두산	20승3패	30
2020	알칸타라	두산	20승2패	31

연속 10승 투수는
결코 쉽지 않은 목표

투수가 프로선수 생활을 하는 동안 10승이 쉬운 것은 아니지만 많은 투수들이 1번쯤은 10승을 기록하였다.

호쾌한 스윙을 하는 강타자 해태 김성한은 원년에 팀의 선수 부족으로 투수까지 겸해서 10승을 하였고, 18연패로 유명했던 심수창은 2006년 10승 투수다.

그러나 10승을 꾸준히 연속으로 기록하는 것은 쉽지 않다. 1990년대 간판 투수 조계현은 126승 투수다. 그러나 연속 10승은 1992년에서 1994년까지 3년이 최고다. 1991년과 1995년도 호투했지만 9승에 머물러서 이 두 시즌 10승을 했다면 7년 연속 10승 투수가 될 수 있었지만 3년이다.

꾸준히 SK, SSG 에이스로 활약한 김광현은 10승 연속 투수에 이름이 올라와 있을 것 같다. 그러나 2017년 팔꿈치 통증으로 재활한다고 1년은 마운드에 1경기도 올라가지 못했다. 2017년이 끊기지 않았다면 세인트루이스 시절 2년을 빼고, 7년 연속 10승 투수가 되지만 김광현은 4년 연속이 최고다. 그만큼 연속 10승 투수로 기록을 이어가는 것이 어렵다.

100승 돌파 투수들 중에서 포크볼로 유명한 이상목은 100승 투수지만 10승은 1999년, 2003년, 2006년 3시즌이다. 장호연은 1986년,

1987년, 1992년, 1993년 4번이다.

연속 10승도 투수에게 하나의 목표가 될 수 있다. 양현종은 목표가 10년 연속 두 자리 승수라고 밝힌 적이 있다.

10승 연속 최다 보유자는 이강철의 10년이다. 1980년대와 1990년대는 언더핸드 수명이 짧다고 했는데 요즘은 그런 말을 찾을 수 없다. 10년 연속 10승 투수가 된 이강철의 영향이 크다. 1989년 데뷔 때부터 15승을 한 이강철은 1993년, 1995년, 1996년 가까스로 10승을 하며 기록행진을 이어갔다. 정민철도 1992년 입단할 때부터 14승을 하여 2000년 요미우리 유니폼을 입기 전 1999년까지 매년 10승을 하며 8년 연속 10승 투수가 되고 일본으로 갔다.

유희관은 2013년에서 2020년까지 8년 연속 10승 투수가 될 때 2013년, 2018년, 2020년 3번 10승에 턱걸이했다. 2018년은 방어율이 6.70으로 10승 투수가 되었다. 한 경기에서 6, 7점 내주는 투수가 10승 투수가 된다는 것은 보통으로는 이해하기 어렵다. 2018년 10개 팀 전체 방어율이 5.20으로 높았지만 유희관은 두산 팀 타율 0.309의 도움을 받았다.

6년 연속 10승을 한 김시진은 프로에서 전성기는 5년이고, 100승 돌파 후 1988년 데뷔 6년째부터 예전의 김시진이 아니었지만 11승으로 시즌을 마감하였다. 김시진에게는 5년 연속 15승 투수라는 타이틀을 붙여도 된다. 15승 연속 또 다른 투수는 짐작이 가듯이 6년 연속 선동열이다. 은퇴 후 김시진은 한 시즌 20승을 기록해서 5년 만에 100승을 하는 것보다는 한 시즌 10승을 해서 10년 만에 100승을 하는 것이 낫다는 이야기를 종종 하였다.

1999년부터 30대 중반의 나이에 제2의 야구인생을 이어가는 송진우는 1999년부터 2002년까지 10승 투수였고, 2004년, 2005년 연속 11승을 하였다. 그러나 2003년 9승에 그쳐 7년 연속이 될 수 있는 것을

4년 연속으로 끝났다.

　　연속 10승 기간은 그 투수의 10여 년이 넘는 선수생활 중 전성기 연도를 보여준다. 1992년에 입단해서 팔꿈치 부상 재활로 공백이 있었던 정민태는 복귀 후 1994년과 1995년까지는 프로 전 명성에 못 미치는 성적이었으나 10승 연속기간 1996년부터 2000년과 일본에서 복귀한 2003년은 한국을 대표하는 최고의 투수였다.

　　한용덕과 함께 또 한 명의 연습생 신화 OB 김상진은 13년 선수생활 중 1991년부터 1995년까지 5년 연속 10승 투수일 때가 자신의 최고 전성기 시절이었다. 특히 1995년은 다승 공동2위, 방어율 3위, 탈삼진 3위를 했고, 완투와 완봉은 1995년 투수들 중에서 가장 많았다. 그러나 1995년 후 김상진은 연속 10승을 이어가지 못했고, 1998년 김상진이 승리투수가 되니까 'OB의 잊혀진 에이스'라고 표현하였다.

연속 10승 투수들

	이름	팀	승리	연속기간	비고
1	이강철	해태	10	1989~1998	
2	정민철	빙그레	8	1992~1999	
2	장원준	롯데 > 두산	8	2008~2011 2014~2017	경찰청 2년
2	유희관	두산	8	2013~2020	
2	양현종	기아	8	2014~2020 2022	2021년 해외
6	김시진	삼성	6	1983~1988	
6	선동열	해태	6	1986~1991	
6	류현진	한화	6	2006~2011	
6	정민태	현대	6	1996~2003	
6	리오스	두산 > 기아	6	2002~2007	
11	김상진	OB	5	1991~1995	
11	윤성환	삼성	5	2013~2017	
11	차우찬	삼성 > LG	5	2015~2019	

1점대 이하
방어율의 신화

요즘은 투수를 평가하는 기준으로 퀄리티 스타트가 자주 사용된다. 선발투수가 6이닝을 3자책점 이하로 막은 경우 선발투수 능력이 있다고 평가한다. 6이닝 3자책점을 방어율로 계산하면 4.50이다. 그렇다면 투수 방어율이 2점대, 1점대면 아주 훌륭하다는 이야기다.

선동열의 개인 규정이닝 0점대 방어율은 한국프로야구에서 3번 나온 아주 희소한 기록이지만 1점대 방어율도 21세기에는 아주 희소한 시대가 되었다. 1980년대만 해도 규정이닝 1점대 방어율 투수를 찾는 것이 아주 어렵지는 않았다.

1980년대는 원년 1.84의 박철순을 시작으로 14명이 있었다. 특히 1986년에는 선동열, 최동원, 최일언, 김용수, 김건우, 장호연 6명이나 되었다. 1990년대에도 1점대 방어율이 11명 나왔다. 선동열, 송진우, 조규제, 김경원, 조계현, 김현욱, 구대성, 정명원, 임창용이다. 그러나 2000년 이후는 2010년 류현진의 1.82 딱 한 번이다.

규정이닝을 무시하면 1점대 이하 방어율 투수는 해마다 홀드, 마무리 전문투수에서 여러 명 나온다. 그러나 아무리 많이 던져도 80이닝 넘고 1점대 이하 방어율 투수는 찾기 어렵다. 오승환, 한기주, 조웅천,

유동훈, 정우람이 불펜으로 1점대 이하 방어율을 기록했더라도 규정이닝을 넘긴 1점대 방어율 투수와 맞붙이기에는 많이 부족하다.

투수보호, 분업화 개념이 낮았던 1986년과 1987년 김용수, 1993년 김경원, 1996년 구대성과 1993년 선동열은 마무리 전문투수로 규정이닝을 훨씬 넘기고 1점대 방어율이 되는 시절이 있었지만 이제는 호랑이 담배 피던 시절 이야기다.

신인으로 입단하자마자 1점대 방어율을 기록하며 강한 인상을 남긴 선수는 선동열은 접어두고 MBC 김건우와 OB 김경원이다. 김건우는 229이닝 넘게 던지고 1.86의 방어율을 기록했다. 중고신인 빼고 바로 입단하자마자 괴물 신인투수 3명을 뽑으라면 김건우, 염종석, 류현진인데 염종석, 류현진은 2점대 방어율이다. 더욱이 김건우는 타자로 입단했다가 전지훈련에서 투수로 변신해서 이만한 성적을 내서 더욱 놀라운 일이다.

1993년 OB에 입단한 김경원도 129이닝 넘게 던지고 1.11의 방어율을 기록했다. OB는 1988년부터 5년 동안 한번도 포스트시즌에 들어가지 못했고, 1990년과 1991년 2년 연속 꼴찌도 하는 등 약팀으로 전락했는데 1993년 3위로 준(準)플레이오프에 진출하는 데는 신인 김경원의 뒷문 단속의 힘이 컸다.

2022년 12년 만에 규정이닝 1점대 방어율로 기대를 모은 선수가 있었다. SSG 김광현이다. 시즌 막판 9월 29일 키움 경기에서 6이닝 3실점을 했지만 방어율이 1.99로 1점대 방어율에 턱걸이를 하고 있었다. 그러나 10월 5일 두산 경기에서 6이닝 4실점으로 패전투수가 되면서 방어율 2.13으로 마무리되었다.

간발의 차이로 1점대 방어율을 선수 시절 한 번도 달성하지 못한 투수는 김시진, 이상훈, 계형철이다. 1985년 김시진은 2.00, 1995년 이상훈은 2.01, 계형철은 2.06이다. 3명의 투수는 자책점 1점만 덜 줬어도 방어율이 김시진 1.96, 이상훈 1.97, 계형철 1.98이 된다.

    1986년 1점대 방어율 6명 탄생 때 팀 전체 타율이 0.251이었다. 이 기록은 1993년 0.247에 이어 가장 낮은 기록이고, 0.251타율은 1995년, 1996년에도 있었다. 1986년 수위타자 장효조의 0.329는 1989년 고원부 0.327 다음으로 역대 최저 수위타자 타율로 1점대 방어율 투수가 6명이 나올 수 있었던 배경을 짐작해볼 수 있다.

1점대 이하 방어율 (규정이닝 이상)

연도	이름	팀	방어율	연도	이름	팀	방어율
1982	박철순	OB	1.84	1989	선동열	해태	1.17
1983	장호연	OB	1.58	1990	선동열	해태	1.13
1985	선동열	해태	1.70	1990	송진우	빙그레	1.82
1985	최동원	롯데	1.92	1991	선동열	해태	1.55
1986	선동열	해태	0.99	1991	조규제	쌍방울	1.64
1986	최동원	롯데	1.55	1993	선동열	해태	0.78
1986	최일언	OB	1.58	1993	김경원	OB	1.11
1986	김용수	MBC	1.67	1994	정명원	태평양	1.86
1986	김건우	MBC	1.81	1995	조계현	해태	1.71
1986	장호연	OB	1.90	1996	구대성	한화	1.88
1987	선동열	해태	0.89	1997	김현욱	쌍방울	1.88
1987	김용수	MBC	1.98	1998	임창용	삼성	1.89
1988	선동열	해태	1.21	2010	류현진	한화	1.82

왼손투수, 야구에서 대접받는 까닭은?

스포츠는 왼손이 유리하고 좋은 대접을 받는다. 야구도 왼손타자는 오른손타자보다 1루에 도달하는 시간이 더 짧다. 같은 투수들이라도 왼손투수는 더 가치가 높다. 1997년 경기 중 왼손투수 삼성 김태한의 스피드가 141km가 나오자 해설자가 왼손투수 141km는 오른손투수 146km만큼 위력이 있다고 하였다.

만일 신인 지명을 할 때 똑같은 스피드와 제구력을 갖고 있는 왼손투수와 오른손투수 2명 중 1명을 뽑으라면 왼손투수를 뽑는다. 왼손투수라서 프로에 1차 지명 받고 왼손투수라서 선발투수가 되는 경우가 있다. 2010년에 유희관은 최고구속 130km 중반이 겨우 나오는 속도로 오른손투수였으면 선발투수가 될 수 있었을까 의문을 가지게 한다.

그보다 훨씬 앞선 1998년에는 쌍방울에서 들어보지 못한 왼손투수 한 명이 선발승을 하며 '고형욱을 아시나요.' 하는 기사가 뜬 적이 있다. 기사 제목으로 등장한 고형욱은 쌍방울 왼손투수로 빠른 공이 120km대, 변화구가 100km대 나오는 투수였지만 컨트롤이 좋아 변화구가 통하고 왼손투수의 희소성으로 1998년 그 유명한 쌍방울 벌떼마운드에서 선발 2승 투수가 되었고, 2승 중 한 번은 완투승까지 하였다.

왼손투수와 가장 관계 깊은 팀은 삼성이다. 프로 원년 15승 왼손투수가 삼성에는 2명 있었다. 이선희와 권영호다. 그러나 프로 이전 일본 킬러로 이름을 날렸던 이선희는 그 당시로는 노쇠했다는 이야기를 들었고, 이듬해부터 평범한 투수로 되었다. 권영호도 2년 동안 5할이 안 되는 승률로 버텼지만 1985년부터 마무리 투수가 되며 최초 100세이브 투수가 되었다.

재일교포 최고 투수는 삼성 왼손 김일융이다. 그리고 1998년 용병이 처음 시작되었을 때 삼성 왼손 베이커는 15승을 하며 용병 첫 투수 성공작이 되었다. 김일융이 1986년 시즌을 끝으로 일본으로 돌아간 후 우리나라에는 1989년 송진우, 1991년 조규제, 1993년 이상훈, 구대성, 1994년 주형광이 입단해서 자리 잡기 전에는 눈에 띄는 왼손투수가 쉽게 드러나지 않은 것 같지만 한 명의 선수가 있었다. 바로 삼성 성준이다. 성준은 1995년까지 왼손투수 최다승 투수였다.

타격에서 최다홈런 이승엽처럼 프로 최다승 투수는 왼손잡이 송진우다. 송진우는 1989년 입단하여 첫해 2.81로 방어율이 좋은데도 9승 10패로 출발했으나, 1996년 성준을 제치고 왼손투수 최다승 투수가 되었고, 2002년 선동열의 146승을 경신하고 지금까지 통산 최다승 자리를 지켜오고 있다.

현역 투수 최다승 159승 양현종, 149승 김광현 모두 왼손잡이고, 양현종은 2위 정민철에 2개 차이, 김광현은 4위 이강철에 3개 차이로 근접했다. 다가오는 시즌에도 꾸준히 해준다면 우리나라 통산 다승 1, 2, 3위 모두 왼손투수가 차지할 전망이 보인다.

선발투수 못지않게 마무리 전문 왼손투수도 제법 나왔다. 마무리 원조를 권영호라고도 하고, 윤석환이라고도 하는데 둘 다 왼손투수다. 1983년 황태환, 1984년 윤석환, 1985년 권영호 3년 연속 구원왕이 왼손투수들이었다. 권영호 외에 구대성, 조규제, 정우람, 봉중근은 100세이브 이상의 왼손 마무리 투수들이다.

선발투수, 마무리가 아니라도 권혁, 오상민, 차명주, 류택현은 허리 역할을 하며 한국야구에 미들맨으로 큰 획을 그었다. 좌완 파이어볼러로 불리는 권혁은 19년 불펜으로 활약한 투수다. 특히 삼성이 2011년부터 4년 연속 한국시리즈 우승을 할 때 핵심 불펜이었고, 통산 159홀드다. 선발로도 14번 나와 2승을 하였다. 오상민은 껌을 쩝쩝 씹는 선수로 유명한 좌완 불펜으로 쌍방울, SK 시절 LG킬러로 유명했다. 그 유명한 6:2 트레이드로 삼성에 올 때 김응용이 어떻게든 오상민을 데려오라고 했다는 말도 있다. 선발로도 31번 나왔지만 불펜으로 15년 활약했고, 마지막 4년은 킬러 팀 LG 유니폼을 입고 팀에서 인기가 많았다.

차명주는 1996년 입단할 때만 해도 임선동, 박재홍 선수만큼 대물급 신인으로 기대하였으나 롯데에서 선발투수로는 기대에 못 미쳤고, 최기문과 맞트레이드가 되어 두산으로 옮긴 후 2000년부터 홀드 타이틀이 생기면서 홀드로 꽃을 피웠다. 3년 연속 홀드왕을 하였다. 류택현은 1994년 OB에서 대형 유격수 유지현을 포기하고 데려올 정도로 왼손 투수 기대주였다. 그러나 담력이 약해 자신의 공을 뿌리지 못하고 5년 동안 OB에서 6패 2세이브가 전부였다. 그러나 LG에 와서 좌완 불펜으로 빛을 보게 된다. 100홀드 돌파, 최초 900경기 출장 기록을 갖고 있다.

왼손투수 다승 순위

	이름	최종팀	연도	방어율	승리	패전	세이브
1	송진우	한화	1989~2009	3.51	201	153	103
2	양현종	기아	2007~	3.83	159	102	
3	김광현	SSG	2007~	3.17	149	80	
4	장원준	두산	2004~	4.26	129	114	1
5	장원삼	롯데	2006~2020	4.28	121	98	1
6	차우찬	LG	2006~	4.51	112	79	1
7	유희관	두산	2009~2021	4.58	101	69	1
8	류현진	한화	2006~	2.80	98	52	1
9	성준	롯데	1986~1999	3.32	97	66	8
10	김정수	SK	1986~2003	3.28	92	77	34
11	주형광	롯데	1994~2007	3.83	87	82	9
12	최창호	LG	1987~2002	3.54	77	94	15
13	이승호	SK	2000~2016	3.94	75	69	41
14	밴헤켄	넥센	2012~2017	3.56	73	42	
15	전병호	삼성	1996~2008	4.43	72	55	5
16	이상훈	SK	1993~2004	2.56	71	40	98
17	구대성	한화	1993~2010	2.85	67	71	214
18	정우람	한화	2004~	3.08	64	46	197
19	양상문	태평양	1985~1993	3.59	63	79	13
20	김기범	LG	1989~1999	3.52	62	61	8

언더핸드, 사이드암
옆구리 투수들

핵잠수함, 옆으로 던지는 투수, 옆구리 투수로 불리는 언더핸드와 사이드암은 원년부터 익숙하다. 원년부터 롯데 노상수, OB 박상열, MBC 이광권, 이길환이 옆구리 투수로 활약했고, 이듬해 MBC 오영일, 삼성 양일환이 입단해서 100경기 시절 170이닝 넘게 던지며 활약했으며, 재일교포 주동식이 입단해서 130이닝 넘게 던졌다.

팔을 위에서 아래로 내리꽂는 오버핸드 투수들만 있으면 야구가 단조롭다. 옆으로 던지는 사이드암, 밑에서 위로 솟구치는 핵잠수함 투수들도 한 번씩 나와 줘야 볼거리가 있다. 오버핸드의 강속구에 강타자들의 방망이가 못 따라가 헛스윙 당하는 것도 볼거리지만, 이강철, 정대현 같은 언더핸드 투수의 느린공에 타이밍을 못 맞추거나, 더 느린 유인구에 속거나, 마구 같은 지저분한 구질을 알면서도 헛방망이질을 하는 모습을 보는 것도 야구를 보는 재미다.

스토브리그 때 대형 신인투수로 스포트라이트를 받은 선수는 박동희, 임선동, 김진우, 한기주, 김광현처럼 대부분 정통파였다. 유일하게 큰 스포트라이트를 받은 언더핸드, 사이드암은 2000년 시드니올림픽 출전 때문에 유명해진 정대현이고, 국가대표 출신 몇 명이 조금 언론을 탔을 뿐이다.

그러나 뚜껑을 열어보면 41년 동안 적지 않은 사이드암, 핵잠수함 투수들이 한국프로야구를 이끌어왔다. 1,000이닝 이상 던진 투수는 10명이다. 100승 투수도 있고, 100세이브, 한 시즌 20승 투수, 다승왕, 방어율왕, 승률왕 등 있을 것은 다 있다. 선발 전문투수도 있고, 마무리 전문투수도 있었다. 노히트노런도 나왔다.

옆구리 투수 원투 펀치도 있었다. 1990년 팀 최다승 13승 삼성 김성길과 이태일, 1996년 쌍방울 최다승 10승 성영재, 9승 김기덕이 있고, 1998년 13승 김현욱, 12승 김기덕이 있었다.

옆구리 투수들은 프로 원년부터 활약했다. 원년 탈삼진이 가장 많았던 롯데 에이스 노상수, 10승 투수 박상열, 1982년 3월 27일 프로야구 첫 경기 투수 출장 1호 이길환이 팀에서는 없어서는 안 될 주축선수였다.

야구는 이승엽 홈런 신드롬, 선동열 방어율 신드롬, 이종범 도루 신드롬처럼 언더핸드 에이스 신드롬도 있었다. 1989년 팀마다 1명씩 6명의 옆구리 투수들이 마운드를 주름잡았다. 태평양 박정현, 삼성 김성길, 빙그레 한희민, OB 김진욱, MBC 이용철과 선동열 다음으로 잘했던 해태 이강철이 주인공들이다. 이강철을 제외하고는 팀 내 최다승 투수들이다. 박정현 19승, 김성길 14승, 한희민 16승, 김진욱 11승은 팀 내 최다승이고, 이강철 15승은 선동열 다음, 이용철 7승은 김기범과 함께 팀에서 공동 1위다.

2000년 전만 해도 언더핸드, 사이드암은 체력 소모가 많아 수명이 단축된다는 이야기를 정설로 받아들이던 시대였다. 언더핸드, 사이드암 투수들이 팀의 에이스가 되었던 적이 있었지만 전성기는 보통 6년을 넘기지 못했다. 그러나 이강철, 조웅천, 임창용, 우규민을 보면 그런 것 같지 않다. 조웅천 20년, 임창용 24년, 우규민은 2022년까지 20년이고, 지금도 건재해 언제 은퇴할지 알 수 없는 선수다. 임창용도 김기태 감독과 문제가 아니었다면 프로생활이 24년이 아니라 언제까지 갈지 종잡을 수 없는 선수였다.

옆구리 투수들의 특징이라면 제구력 좋고, 피홈런이 많다는 점이다. 옆구리 투수들의 최고 구질은 싱커다. 1993년 입단한 박충식 때문에 싱커라는 구질에 익숙해졌고, 정대현의 싱커는 마구라고 불린다. 유동훈은 2009년 마무리로 0.53의 방어율을 기록할 때 싱커볼러라고 불렸다.

옆구리 투수를 좋아하는 감독은 김성근이라고 한다. 김성근 감독시절 OB 김진욱, 태평양 박정현, 쌍방울 김현욱이 탄생했다. 그리고 1993년에 입단한 성영재는 3년 동안 방어율이 4,5점대였으나 1996년 김성근 감독이 오면서 2점대 방어율이 되었다.

옆구리 투수 통산다승 1위는 이강철로 최초의 100승 옆구리 투수다. 이강철이 활약하던 1989년과 1990년대에 다른 정통파 투수와 비슷하게 이강철도 1990년에서 1992년 3년 연속 200이닝을 던졌는데도 오랜 선수생활과 150승 돌파는 타고난 유연성으로 체력소모가 적었기 때문이다. 2위는 임창용이다. 임창용은 김용수와 함께 100승-200세이브 투수다. 임창용 역시 24년 선수생활과 더불어 여기까지 온 것은 타고난 유연성이다.

3위는 한희민이다. 한희민은 유종의 미를 맺지 못한 아쉬운 선수로 1988년과 1989년 2년 연속 16승을 기록한 투수다. 그러나 코칭스텝과 마찰로 1990년대 초반부터는 경기 등판 기회를 제대로 갖지 못했고, 통산 80승에서 마감했다.

옆구리 투수 다승 통산 순위

	이름	팀	이닝	승	패	세이브	방어율
1	이강철	해태	2204.2	152	112	53	3.29
2	임창용	삼성	1725.2	130	86	258	3.45
3	한희민	빙그레	1124.2	80	51	24	3.25
4	우규민	LG	1340.1	79	85	90	3.92
5	박충식	삼성	989.1	77	44	30	3.07
6	이재학	NC	1253.2	77	71	1	4.53
7	김현욱	쌍방울	883.1	71	31	22	2.99
8	박종훈	SK	997	69	67		4.62
9	박정현	태평양	1090.2	65	54	21	3.45
10	한현희	넥센	971.1	65	43	8	4.26
11	조웅천	SK	1092.2	64	54	98	3.21
12	오영일	MBC	1043	62	64	10	3.56
13	성영재	쌍방울	1165.1	58	85	8	4.24
14	김기덕	쌍방울	1048	56	68	23	4.11
15	김성길	삼성	925	54	46	39	3.38
16	김진욱	OB	991.1	53	71	16	3.68
17	이태일	삼성	637	48	39	4	3.81
18	정대현	SK	726.1	46	29	106	2.21
19	박석진	롯데	761	45	38	28	3.83
20	이길환	MBC	683	44	31	4	3.69

선발투수,
투수들이 가장
선호하는 보직

투수들이 가장 선호하는 보직은 선발투수다. 오랫동안 선발투수 보직을 받는 것은 투수 개인에게도 영광이다. 원조 마무리전문 권영호는 최초 200경기 출장기록을 세우고 기록 소감을 인터뷰할 때 "이제는 선발투수가 되고 싶다."는 말을 남겼다.

　1980년대 원조 선발투수하면 계형철, 김시진, 장호연이다. 김시진은 은퇴할 때까지 205번 선발로 나왔고, 장호연은 230번 선발, 계현철은 208번 선발로 나왔다. 장호연은 1980년대 누구나 전천후로 등판하던 시대에 입단 후 3년은 선발등판이 50% 안팎이었으나 1986년부터 선발등판이 70%를 넘었고, 계형철은 통산 254경기 출장하여 선발로 82%정도 나왔던 전형적인 선발투수로 구원은 9세이브에 불과하다.

　김시진과 같이 1980년대 3대 트로이카에 들던 최동원은 248경기 출장 124번, 선동열은 367경기 출장 109번이 통산 선발등판이다. 통산 선발 200번 이상 투수가 34명, 150번 이상 투수가 56명이다. 우리나라를 대표하는 최고의 투수 2명이 선발투수로 적게 등판한 것은 두 투수가 너무 믿음이 가서 필승 구원투수 역할을 했기 때문이다. 2000년 이후 선발투수에 이어 역전당하지 않고 팀 승리를 이끌어주는 셋업맨 3, 4명을 필승조라고 부르는 것과 의미가 비슷하다. 경기 중반 정도에서 이길 것 같으면 5회 전에 승리 굳히기로 올라오거나 종반에 지고 있다가 역전하면 실점하지 않고 승리로 이끌기 위해 최동원, 선동열을 마운드에 올렸다.

김시진, 계형철 다음 선발투수 세대는 1985년 입단한 정삼흠, 1986년에 입단한 윤학길이다. 정삼흠은 221번, 윤학길은 231번의 선발 등판 기록을 갖고 있다. 2000년 이후는 데뷔 시즌부터 선발투수가 되는 것이 쉽지 않았다. 신인 드래프트를 할 때 보통 한 팀에서 투수 5명은 뽑는다. 여기서 신인시절 1군에 1번 올라오는 것도 쉽지 않은데 2000년 이후 신인들 중 바로 첫해 5인 선발 로테이션에 들어간 것은 개인에게도 영광이고 대단한 일이다.

2000년 이후 데뷔 시즌부터 선발 로테이션에 들어간 선수는 이용훈, 김진우, 류현진, 소형준, 엄상백, 원태인, 오주원, 장원삼 8명이다. 2006년 괴물 신인 류현진은 30경기에 출장하여 28번 선발로 나왔고, 오주원은 30경기 출장하여 25번 선발로 나왔다. 소형준은 26경기 출장하여 24번 선발로 나왔다. 류현진, 오주원, 소형준은 바로 입단 첫해 선발투수로 활약하며 신인왕을 수상했다.

승리투수가 되는 것도 구원승보다는 선발승이 값어치가 높다. 구원승은 아웃카운트 하나 잡고도 구원승이 되는 경우가 있지만 선발승은 5이닝 이상은 던져야 한다. 5회에 아웃카운트 한 개 남겨놓고 강판되면 승리투수가 되지 못한다.

통산 최다 선발승은 송진우 157승이다. 현재 뛰고 있는 선수는 양현종 147승, 김광현 134승이고, 1980년대 투수는 김시진 108승, 윤학길 103승, 정민철 157승, 이강철 114승, 조계현 117승이다.

한국프로야구를 대표하는 투수 가운데 조용준, 정우람, 정대현, 오승환은 선발로는 1경기도 출장하지 않은 투수들이다.

통산이닝에 경기수를 나누면 한 경기 평균 던진 이닝이 계산된다. 용병, 재일교포까지 통틀어 최고는 한 경기 6.6이닝을 던진 류현진이다. 6이닝 이상 던진 국내 투수는 류현진, 정민태, 정민철이다. 한 경기 평균 6.3이닝 정민태, 6이닝 정민철도 전형적인 선발투수다.

선발투수로 나오면 5이닝은 던져야 승리투수가 될 수 있다. 아무리 선발이라도 1회부터 많은 실점을 하거나 제구력 난조, 감독이 믿지 못하면 5이닝을 채우지 못하고 강판된다. 한 경기 평균 5이닝 이상 던진 투수는 선발투수로 인정받아야 한다. 1,000이닝 이상 던지고 한 경기 평균 5이닝 이상 던진 국내 투수는 김시진, 최동원, 조계현, 김광현, 한희민, 장호연, 김태원, 김수경, 계형철, 염종석, 유희관이다. 현역으로 뛰고 있는 선수는 원태인, 박세웅, 최원태다.

통산 선발 등판

	이름	팀	연도	출장	선발
1	송진우	빙그레	1989~2009	672	377
2	정민철	빙그레	1992~2009	393	370
3	배영수	삼성 〉 한화 〉 두산	2000~2019	499	358
4	양현종	기아	2007~	455	354
5	장원준	롯데 〉 두산	2004~	435	331
6	김원형	쌍방울	1991~2010	545	317
7	윤성환	삼성	2004~2020	425	305
8	김광현	SK	2007~	326	304
9	김수경	현대	1998~2012	347	292
10	염종석	롯데	1992~2008	356	291
11	장원삼	현대 〉 삼성 〉 LG 〉 롯데	2006~2020	367	287
12	송승준	롯데	2007~2020	338	280
13	정민태	현대 〉 기아	1992~2008	290	270
14	김상진	OB 〉 삼성 〉 SK	1989~2003	359	267
15	이강철	해태 〉 삼성 〉 해태	1989~2005	602	265
16	조계현	해태 〉 삼성 〉 두산	1989~2001	320	260
16	손민한	롯데 〉 NC	1997~2015	388	260
18	박명환	OB 〉 LG 〉 NC	1996~2015	326	260
19	한용덕	빙그레	1987~2004	482	259
20	이상목	삼성 〉 빙그레 〉 롯데 〉 삼성	1990~2008	439	256

전천후 투수,
선발 중간 마무리
두루 경험

요즘은 선발투수, 셋업맨, 마무리 보직이 확실히 정해져 있다. 선발투수는 5인 로테이션이고, 셋업맨 마무리는 아무리 많이 던져도 2이닝 이하다. 어떻게 보면 투수가 너무 기계같이 움직이고, 예전의 투혼 같은 감동이 사라졌다고 말하는 야구인도 있다.

그러나 1990년대 중반까지도 하루는 선발로 그 다음 등판은 마무리로 나오는 일이 흔했다. 전천후 투수라고 하면 선발, 중간, 마무리 모두 경험한 투수를 말하는데 전천후 투수도 2가지로 볼 수 있다. 한 가지는 김용수나 임창용처럼 전문 보직이 정해져 있고 시즌이나 기간에 따라 바뀐 경우다.

임창용은 1997년에서 2000년까지는 마무리 전문, 2001년부터 2003년까지는 선발 전문, 2004년에는 마무리 전문, 2014년에서 2015년까지는 마무리 전문이었다. 김용수도 1986년 마무리로 시작해 1989년까지 마무리 전문이었다가 1990년 백인천의 감독의 지시로 선발투수 정삼흠과 잠시 맞바꾸었고, 1993년부터 1995년까지는 다시 마무리 전문, 1996년부터 1998년까지는 선발투수가 된 경우다. 이런 식으로 시즌마다 차이가 있었지만 전문 보직이 있는 경우는 문제가 되지 않는다. 팀

사정이나 개인의 희망으로 얼마든지 보직은 바꿀 수 있다.

그러나 오늘은 선발로 완투하고, 내일은 마무리, 이런 식은 투수 혹사(酷使)다. 1980년대는 선발 로테이션이라는 것이 없어서 전천후 투수에서 벗어날 투수는 아무도 없었다. 대표 선발투수 김시진은 삼성시절 6년 동안 211경기에 출장 중 선발은 152경기가 된다. 마무리전문 보직을 받은 적이 한 번도 없지만, 100승 돌파하는 전성기 시절 통산 16세이브다. 특히 1985년에는 47경기에 29번 선발로 나왔고, 10세이브 성적도 있다.

대표적인 완투투수 이미지가 있는 최동원은 81번 완투를 하였다. 그러나 롯데 시절 6년 동안 218경기 등판에 선발로 나온 것은 절반도 안 되는 105경기다. 이 105경기 선발로 나와서 81번 완투하면서 그 당시 용어로 구원투수 역할도 하였다. 요즘 같으면 상상이 안 되는 일이다.

요즘은 A라는 투수가 언제 어떠한 상황에서 올라올지 체계적으로 잡혀 있지만 1988년 개막 후 2일째 경기를 예로 들면 삼성이 해태에 지고 있다가 역전하자 승리를 잡기 위해 선발 전문투수 김시진이 갑자기 올라와 구원승을 챙겼다. 1990년대 중반까지 이런 경우가 흔했다. 두 자리 승수에 두 자리 세이브를 기록하면 전천후로 혹사(酷使)하였다고 의심할 수 있다.

두 자리 승수, 두 자리 세이브 중에서도 한 시즌 15승 15세이브를 동시에 달성한 선수는 대단한 정신력의 선수들이다. 1991년 김성길은 16승 18세이브, 1992년 송진우의 19승 17세이브는 2020년대 투수 운영으로는 결코 나올 수 없는 기록들이다. 특히 송진우는 1992년 구원왕과 다승왕을 동시에 차지하였다. 19승으로 다승왕이지만 19승 중 8승이 구원승이고 17세이브를 합해 25세이브포인트로 구원왕을 동시에 차지하였다.

1998년 쌍방울 김원형은 선발 전문에서 마무리 전문. 2001년 삼성 김진웅은 선발로 잘 나가다가 마무리 리베라가 퇴출되자 7월 하순부터 마무리가 되었다. 2002년 기아 리오스는 마무리 전문에서 선발이 되었다. 3명 모두 10승 투수에 10세이브 투수지만 시즌 안에 보직만 선발, 마무리를 바꾼 것이라서 마구잡이는 아니었고, 던진 이닝도 1990년대 중반 이전 투수들과는 다르고 혹사라고는 할 수 없다.

2000년에 입단한 SK 이승호도 신인 시절 2000년은 전천후, 마당쇠라고 볼 수 있다. 쌍방울을 인수해서 막 창단한 SK는 선수층이 부족한 데다 쌍방울의 주축이었던 김원형과 김기덕이 5점대 방어율로 부진하고, 용병투수 콜도 6점대 방어율로 SK는 신인 이승호에게 의존하는 마운드였다. 42경기에 출장해 139와 3분의 2이닝을 던지고, 선발 16번 10승 12패 9세이브를 거두며 팀 최다승 투수였다. 그나마 고생한 대가로 신인상이라도 수상하였다.

한 시즌 10승 10세이브 동시 기록은 2002년 기아 리오스 이후에는 20년이 지나도록 나오지 않고 있다.

시즌 두 자리 승리, 세이브 (마무리 전문 제외)

연도	팀	이름	출장	선발	완투	이닝	성적
1982	삼성	황규봉	47	16	8	222.1	15승11패 11세
1985	삼성	김시진	47	29	10	269.2	25승5패 10세
1988	해태	선동열	31	12	9	178.1	16승5패 10세
1990	삼성	김상엽	44	12	2	160.1	12승6패 18세
1991	LG	김용수	41	16	8	190	12승11패 10세
1991	삼성	김성길	52	14	3	188	16승12패 18세
1991	빙그레	송진우	36	17	8	184.1	11승10패 11세
1992	빙그레	송진우	48	17	4	191.1	19승8패 17세
1992	태평양	박은진	46	12	5	172.2	10승7패 14세
1998	쌍방울	김원형	51	11	1	150	12승7패 13세
2001	삼성	김진웅	43	14		141	11승7패 12세
2002	기아	리오스	54	13	3	157.2	14승5패 13세

재일교포 투수,
한국프로야구에서의
활약

1980년대부터 한국프로야구의 수준이 높아 팬들이 경기를 재미있게 볼 수 있었던 것은 재일교포 선수들 덕분이다. 재일교포 선수들이 없었다면 수준은 한참 더 아래였을 것이다. 원년 백인천의 4할대 타율, 박철순의 22연승은 개인이 뛰어났기 때문이지만, 그래도 세계야구선수권 대회 출전으로 원년에 빠졌던 장효조, 김재박, 김시진, 최동원과 재일교포 장명부가 원년에 프로에 있었다면 전설이 된 두 선수 기록이 생겼을지 의문이 간다.

    1983년 투수 장명부, 주동식과 포수 김무종, 내야수 이영구로 시작하여 김일융, 최일언, 김성길, 홍문종, 고원부는 팀에 없어서는 안 될 선수였고, 그 외에 김정행, 김신부, 송재박, 김실까지 있다.

    한국프로야구에 큰 획을 그었던 재일교포 투수들을 보자. 30승 투수로 아직까지 레전드 이야기를 할 때 기사에 자주 나오는 장명부, 삼성에서 3년 동안 활동하면서 시즌 평균 18승, 1985년 김시진과 함께 공동 다승왕을 차지했던 김일융, 해태 킬러로 유명했던 최일언이 있다.

    꼴찌 팀 삼미 슈퍼스타즈의 1983년 3위는 장명부가 없었다면 불가능했다. 1983년 장명부의 개인 30승은 더 이상 설명할 필요가 없고, 삼미의 52승 중 57%인 30승을 장명부가 가져다주었다. 그러나 첫해 엄청난 혹사(酷使)로 무리가 와서 1984년부터 예전만 못했고, 선수 마지막 시절 창단 팀 빙그레에서는 1승 18패 방어율 4.98의 초라한 성적을 남겼다.

1984년에서 1986년까지 삼성 왕조는 투수에서 김시진 한 명으로는 어려웠을 텐데, 김일융이 있었다. 정규시즌에서 1985년 김시진과 합작하여 50승을 거두었을 뿐만 아니라 1984년 롯데와 한국시리즈 3승 4패, 1986년 플레이오프에서 OB를 3승 2패 가까스로 제치고 한국시리즈에 진출할 수 있었던 것은 김일융이 없었다면 과연 가능했을까 하는 생각이 들게 한다.

김일융은 일본 통산 116승 123패로 일본에서도 100승 투수다. 1977년과 1978년은 방어율 1위도 기록하였다. 한국에서는 통산 54승 20패 3세이브 방어율 2.53, 승률 0.730, 포스트시즌 6승 1패. 3년 동안 최고의 성적을 올리고 다시 일본으로 스카우트되어 한국을 떠났다.

강팀 해태 킬러라고 불리는 최일언은 해태가 1986년에서 1989년까지 4년 연속 한국시리즈 우승을 차지할 때 해태 13연승 기록을 갖고 있는 투수다. 재일교포 중 가장 오래 한국에 정착한 야구인이고, 통산 78승으로 재일교포 통산 최다승 투수다. 1984년에서 1992년까지 9년 동안 OB, LG, 삼성 3팀에서 프로 유니폼을 입었다.

빅3 외에 김성길은 1987년 시즌 중 삼성에 와서 1988년 가능성을 보인 후 김시진이 떠난 1989년부터 1991년까지 3년 동안 삼성에 없어서는 안 될 에이스였다. 1991년에는 52경기에 출장하여 188이닝을 던지며 엄청난 혹사를 당하였고, 16승 12패 18세이브의 성적을 낸 후 1992년부터 후유증이 나타났으며, 1993년 쌍방울을 끝으로 사라졌다.

김신부는 사이드암 투수로 1986년 약팀 청보에 와서 에이스 역할을 하며 첫해는 233이닝을 던지며 완봉승을 3번 기록하였다. 10승 10패 방어율 3.21의 좋은 성적을 올렸다. 1986년 청보 핀토스는 32승을 했는데 김신부의 10승과 같이 온 재일교포 김기태의 9승이 청보핀토스

승리의 60%를 차지했다. 한국에 남기고 간 인상적인 기록은 1986년 7월 27일 해태 차동철과의 0:0 15회 완투 대결이다. 1987년 113과 3분의 2이닝, 1988년 123과 3분의 1이닝을 던졌던 약팀 청보, 태평양 마운드의 주축 투수였다.

　　　김정행은 롯데에서 1985년부터 1988년까지 활약했고, 최동원, 윤학길 같은 팀의 대투수에는 못 미쳤지만 3번째 정도는 되는 투수였다. 1986년 6월 5일 빙그레 경기에서 방수원에 이어 두 번째 노히트노런을 기록하였다. 4년 동안 매년 규칙적으로 2번씩 완봉승을 거두었고, 3년 동안 100이닝 넘게 던지며 롯데 마운드를 이끌었다.

재일교포 투수

이름	주요팀	연도	경기	이닝	승	패	세	방어율
최일언	OB	1984~1992	240	1115.1	78	57	11	2.87
장명부	삼미	1983~1986	172	1043.1	55	79	18	3.56
김일융	삼성	1984~1986	91	586.2	54	20	3	2.53
김성길	삼성	1987~1993	211	925	54	46		3.17
김신부	청보	1986~1990	131	599	32	36	5	3.73
김홍명	빙그레	1988~1992	119	505.2	30	31		4.43
김정행	롯데	1985~1988	71	429.1	28	21		3.19
김기태	청보	1986~1987	59	270.1	16	19	5	3.73
주동식	해태	1983~1984	48	226.2	13	12	3	2.82

용병투수,
이방인 투수들이 그린
궤적

1998년 이후 한국을 다녀간, 저마다 특징을 가진 여러 용병 투수들이 있었다. 140km를 겨우 넘기며 네티즌들로부터 '호세 말동무'로 왔다는 소리를 들었으나 시도 때도 없이 등판한다고 '고무팔'이라는 별명까지 얻으며, 신체조건에 비해 22승 14패의 우수한 성적을 올렸던 롯데 기론. 이종범의 주니치 드래곤스 시절 위협구로 유명해서 국내에 들어올 때부터 유명세를 탔던 갈베스. 160km 강속구를 가졌으나 헤드샷 퇴장 룰을 만든 장본인 리즈, 2008년 우리 히어로즈 유니폼을 입고 던진 이닝은 얼마 안 되지만 옆구리 투수로 마구 같은 공을 던지며 21이닝 0.86방어율을 기록하며 8세이브를 챙겼던 다카쓰 등 개성 있는 용병 투수들이 많았다.

　용병 투수에게 기대하는 것은 보통 팀의 1, 2선발, 150km를 던지는 정통파, 탈삼진 등이다. 그러나 메이저리그에서도 좋은 활약을 한 기교파 투수들이 많듯이 우리나라에서 활약한 용병투수를 보면 140km안팎의 기교파 투수들도 있었다.

　1998년 처음 용병 제도가 시작되었을 때는 2명까지만 뽑을 수 있었고, 용병 2명을 모두 투수로 뽑은 팀은 삼성이 유일했다. 삼성은 150km 호세파라와 140km 안팎이지만 제구력이 좋은 베이커를 뽑았는데 베이커는 시범경기에서는 공이 밋밋해 서정환 감독이 퇴출까지 고려했지만, 시즌에 들어가서는 써클체인지업이 잘 먹히면서 선발투수로 활약했다. 15승 투수로 팀의 에이스가 되었다. 최초 용병투수 성공작은 삼성 베이커다.

호세파라는 마무리로 뛰면서 빠른 공 때문에 주목을 받았지만 구질이 단순하게 빠른 공, 커브, 체인지업 3가지밖에 없다는 것이 노출되고 나서 확실한 뒷문 단속의 믿음을 주지 못했다.

현대는 마운드가 강해 국내 선수들에게 5선발까지 맡기고 150km에 육박하는 강속구를 가진 용병 스트롱에게 마무리를 맡겼다. 성적은 6승 5패 27세이브 방어율 2.95로 괜찮은 것 같지만 경기내용을 보면 스트롱이 마무리로 올라올 때 현대 팬들은 너무 불안해했다.

용병투수 최다승 투수는 8년 한국에 머물며 7년 두산, 1년 KT 유니폼을 입었던 니퍼트로 102승을 기록하였다. 평균 145km가 훌쩍 넘는 구속으로 슬라이더와 체인지업을 섞어 던지며 1,291과 3분의 1이닝을 던지고 1,082개의 삼진을 잡았다. 유일한 용병 100승 투수에다 1,000이닝, 1,000탈삼진도 돌파하였다.

용병 다승 통산 2위는 2000년대 기아, 두산 유니폼을 입고 6년 활약한 90승 투수 리오스다. 리오스는 용병투수 중 가장 많은 1,242이닝을 던진 투수로 눈에 띄는 또 한 가지 성적은 완투, 완봉이다. 완투 21번, 완봉승이 7번이다. 완투는 20년 정도 프로선수였던 해태, 기아 에이스 이대진과 같고, 완봉승은 이대진보다 1개 더 많다. 리오스의 빠른 공과 슬라이더, 체인지업, 싱커가 우리나라에서 통하며 3.01의 방어율을 기록했다. 포스트시즌에서도 2완투 1완봉승 기록을 갖고 있다. 2007년 SK와 한국시리즈 1차전에서 99개의 공을 던지며 완봉승을 장식했다. 특히 9회에도 145km가 넘는 공을 던지며 자신이 강속구 투수로서 체력이 건재함을 과시했다.

용병 왼손 최다승 투수는 통산 4위를 하며 2012년에서 2017년까지 6년 넥센 유니폼을 입었던 밴헤켄이다. 빠른 공은 평균 140km 안팎이었고, 스플리터의 비중이 높았던 기교파 투수로 925와 3분의 2이닝을 던지고 860개의 탈삼진을 잡았으며 탈삼진 비율이 높았다.

1,000이닝 돌파 선수는 니퍼트, 리오스, 소사 3명이다. 8년 한국에 머문 소사는 기아, 넥센, LG, SK 무려 4팀에 머물렀다. 평균 구속이 150km에 육박하는 파이어볼러로 슬라이더, 스플리터를 많이 던졌고 통산 방어율은 4,28이다. 한 시즌 최다승은 11승으로 크게 두드러지지는 않았지만 통산 206경기 출장으로 선발의 한 축을 맡으며 용병 통산 최다승 3위에 이름을 올렸다.

포스트시즌에 활약한 투수는 5승 투수 두산 니퍼트와 랜들이다. 두 투수가 5승까지 하게 된 것은 두산 유니폼을 입었기 때문이다. 니퍼트는 91과 3분의 1이닝을 던지며 5승 3패 1세이브 방어율 3.55, 랜들은 51과 3분의 2이닝, 5승 1패 방어율 2.44로 김정수, 문희수처럼 포스트시즌에 강한 모습을 보여주었다.

용병 투수 통산 다승 순위

	이름	주요팀	연도	승리	패	방어율	이닝
1	니퍼트	두산	2011~2018	102	51	3.59	1291.1
2	리오스	두산	2002~2007	90	59	3.01	1242
3	소사	기아	2012~2019	77	63	4.28	1291.1
4	밴헤켄	넥센	2012~2017	73	42	3.56	925.2
5	린드블럼	롯데	2015~2019	63	34	3.55	823.1
6	해커	NC	2013~2018	61	37	3.67	935.2
7	켈리	LG	2019~2022	58	31	2.89	697
8	루친스키	NC	2019~	53	36	3.06	732.2
9	요키시	키움	2019~	51	33	2.71	707.2
10	브리검	키움	2017~2021	50	26	3.63	669.1
11	옥스프링	LG	2007~2008 2013~2015	49	40	3.90	807.1
12	랜들	두산	2005~2008	49	32	3.41	657
13	레일리	롯데	2015~2019	48	53	4.13	910.2
13	켈리	SK	2015~2018	48	32	3.86	729.2
13	나이트	삼성	2009~2014	48	38	3.84	727
16	헥터	기아	2016~2018	46	20	3.79	582.1
17	레스	두산	2001~2002 2004, 2018	43	27	3.51	588
18	유먼	롯데	2012~2015	42	27	3.99	616.1
19	뷰캐넌	삼성	2020~2022	42	20	3.20	511.2
20	피어밴드	넥센	2015~2018	36	42	4.14	682.2
20	데스파이네	KT	2020~2022	36	30	4.07	559.1

포스트시즌 투수,
전설 중의 전설
최동원

정규시즌과 포스트시즌은 다르다. 포스트시즌이 되면 정규시즌에는 잘하다가 어이없는 실책이 나온다. 큰 경기에 대한 압박감이 생기기 때문이다. 그래서 포스트시즌이 되면 그 해 잘하던 신인 선수보다 베테랑 선수를 중용한다. 2000년 한국시리즈에서 두산은 그 당시 백전노장이라던 조계현을 1선발로 올렸다.

정규시즌에는 최고였지만 포스트시즌에 부진한 대표적인 선수는 김시진이다. 플레이오프, 한국시리즈 때문에 새가슴이라는 별명이 생겼다. 삼성이 약팀이라서 포스트시즌에 나가지 않았다면 김시진에게 새가슴이라는 별명은 생기지 않았을 것이다. 정규시즌에는 최동원, 선동열과 함께 3대 트로이카에 들어갈 정도로 최고의 투수였지만 포스트시즌에서는 완전히 달랐다.

포스트시즌에 정규시즌과 다른 모습을 보였던 선수는 김시진 외에 1승 6패 방어율 7.24의 송승준, 1승 9패 방어율 6.90의 김진웅, 3승 6패 방어율 5.52의 문동환이 있다. 3명 모두 정통파 투수들로 한때 팀의 에이스였고, 송승준은 100승 투수, 문동환, 김진웅은 시즌 15승 이상을 한 번은 해본 투수들이다.

포스트시즌 투수 하면 한국시리즈 7승 김정수와 포스트시즌 최다승 10승 정민태가 있지만 최고는 최동원이다.

1984년 한국시리즈 4승 투수로 유명한 최동원은 포스트시즌 통산성적 역시 4승이다. 1980년대에 롯데가 포스트시즌에 진출한 것은 1984년 한국시리즈 한 번뿐이다. 한국시리즈 7차전 장태수를 탈삼진으로 잡고 우승을 확정하는 순간 좋아서 펄쩍 뛰는 모습과 인터뷰에서 "이제 자고 싶다."고 말하는 장면이 인상적이었다. 한국시리즈에서 5경기 40이닝, 1경기 평균 8이닝은 앞으로 있어서도 안 되고 절대 나올 수도 없는 기록이다. 현대유니콘스가 2000년과 2003년 7차전까지 갔지만, 정민태도 두 한국시리즈에서 합친 이닝은 30과 3분의 1이닝이다.

최동원은 1988년 시즌 후 삼성으로 이적하여 정동진 감독이 큰 경기에서 강한 최동원에게 기대를 걸었지만 예전의 최동원이 아니었다. 1989년, 1990년 삼성에서 포스트시즌 엔트리에는 들어갔지만 공의 위력이 떨어져 삼성 유니폼을 입은 포스트시즌은 3경기 출장 8과 3분의 1이닝에 그쳤다.

포스트시즌 최고 투수는 정민태다. 10승 1패로 최다승이고, 포스트시즌 통산 115와 3분의 1이닝을 던져 방어율이 2.11이다. 정민태 하면 한국프로야구를 대표하는 투수지만 한 시즌 최고 방어율은 1996년 2.44이다. 정민태는 포스트시즌 승리투수의 보증수표였다.

1990년대 삼성 에이스 김상엽도 포스트시즌에 강한 선수였다. 김상엽 하면 1993년부터 1998년까지 홀수 해만 에이스로 활약한 선수로 유명하지만 포스트시즌 96과 3분의 1이닝을 던지고 2.52의 방어율에 7승 투수다.

김상엽이 빛나는 것은 해태에 강했기 때문이다. 1990년 플레이오프에서 만난 해태에 2승, 1993년 한국시리즈 1승으로 포스트시즌 해태 전적이 3승 무패이다. 1990년 플레이오프에서는 2차전, 3차전 구원승을 했지만 한국시리즈 3차전 이대진과 선발 맞대결에서 승리투수가 되었다. 1차전에서는 조계현과 선발 맞대결을 펼쳐 이날 삼성이 졌지만, 김상엽은 5이닝 동안 무실점을 하며 1:0 리드에서 마운드를 내려왔다.

160km 투수 안우진은 2018년에 입단해 2022년 최고의 성적을 올렸지만 포스트시즌에는 신인 시절부터 강했다. 신인시절 김정수는 한국시리즈 3승 투수지만, 안우진은 준(準)플레이오프 2승, 플레이오프 1승으로 두 선수가 신인 포스트시즌 3승 투수인 것은 같다. 포스트시즌 통산성적도 5승 무패 방어율 2.26으로 아주 우수하다.

구대성과 오승환은 정규시즌과 같이 포스트시즌에도 활약을 했다. 구대성은 23경기 출장, 52이닝을 던지고 방어율 1.56에 10세이브, 오승환은 29경기에 출장하여 42이닝을 던지고 방어율 1.71에 13세이브를 기록했다.

하지만 임창용은 정규시즌의 이름값을 포스트시즌까지 이어가지 못했다. 1997년 한국시리즈에서는 3경기 3세이브를 하며 해태의 9번째 한국시리즈 우승에 공을 세웠다. 문제는 1999년부터였다. 애니콜이라고 불리며 정규시즌 무리하게 마운드에 올라왔던 임창용은 롯데와 플레이오프에서 구위가 많이 떨어졌다. 5차전 9회 말 원아웃 5:3에서 투아웃만 잡으면 삼성은 한국시리즈 진출을 눈앞에 두고 있었다. 그러나 임창용은 호세에게 역전 3점 홈런을 맞았고, 7차전 연장 11회 패전투수가 되었다. 그 후부터 임창용은 포스트시즌에 큰 활약을 보여주지 못하고, 포스트시즌 통산 상적은 72이닝 1승 6패 9세이브 방어율 4.13이다.

50이닝 이상 포스트시즌 최고의 방어율은 김일융의 1.40이다. 1984년 한국시리즈 7차전 SOS에도 김영덕 감독이 외면하는 바람에 유두열에게 뼈아픈 역전 3점홈런을 맞았지만 이것을 빼면 6승 투수다. 거기에다 최동원과 똑같이 포스트시즌 최다 4완투 1완봉 기록을 갖고 있다. 그 다음이 2완투, 1완봉의 문희수, 한용덕, 정민태, 리오스다.

포스트시즌 통산 다승 순위

	이름	팀	승리	패전	방어율
1	정민태	현대	10	1	2.11
3	조계현	해태 > 삼성 > OB	8	3	2.36
3	선동열	해태	8	3	2.24
4	송진우	한화	7	8	4.53
4	김정수	해태 > SK > 한화 > SK	7	6	2.87
4	김상엽	삼성 > LG	7	5	2.52
7	배영수	삼성 > 한화 > 두산	6	8	3.17
7	김일융	삼성	6	1	1.40
7	윤성환	삼성	6	2	3.88
7	정우람	SK > 한화	6	3	2.75
11	니퍼트	두산 > KT	5	3	3.55
11	김용수	LG	5	7	3.76
11	이강철	해태 > 삼성 > 기아	5	4	4.12
11	장원준	롯데 > 두산	5	1	3.75
11	김수경	현대	5	3	2.99
11	채병용	SK	5	3	2.97
11	안우진	넥센	5		2.26
11	랜들	두산	5	1	2.44
11	염종석	롯데	5	2	3.00
11	이혜천	OB > NC	5	2	3.97
11	조상우	넥센	5	1	3.33

40대 투수, 장수비결은 무엇일까?

이광환 감독은 "투수 어깨는 분필과 같아서 쓸수록 닳는다."는 말을 하였다. 1980년대 3대 트로이카로 불리던 김시진, 최동원, 선동열 모두 혹사(酷使)를 버티지는 못했다. 김시진, 최동원은 프로에서 전성기가 5년이고, 선동열은 1986년부터 1991년까지 6년 동안은 선발투수로 버텼지만 1993년부터 긴 이닝을 던질 수 없어 마무리 투수로 변신하였다.

　　　　1992년 혜성처럼 나타난 염종석도 신인 시절 한 시즌은 대단했지만, 선발 전문투수가 6세이브나 기록하는 혹사로 그 후부터는 1992년의 염종석을 찾아볼 수 없었다. 롯데 우승과 염종석의 팔을 바꿨다는 이야기까지 나왔다.

　　　　그러나 혹사를 당한 것이 확실하지만 40이 넘도록 프로생활을 한 선수들이 꽤 된다. 장수한 투수로는 원년 멤버 중에서는 계형철과 박철순이 있다. 초창기부터 10년 동안 40세까지는 못 갔지만 계형철은 원년부터 시작해서 39세가 되던 1991년까지 몸 관리가 과학적이지 않았던 시절 장수하며 선수생활을 하였다. 박철순은 허리부상과 싸우면서 1996년 41살까지 선수생활을 한 다음, 은퇴식에서 마운드 흙에 입을 맞추고 은퇴하였다.

　　　　40세 넘도록 선수 생명을 유지한 선수로는 송진우, 김용수, 이강철, 임창용, 김정수, 박정진, 최영필, 송신영, 류택현, 최향남 등 여러 명이다. 이 중 송진우, 이강철, 임창용은 1980년대 김시진, 최동원만큼은 아니지만 혹사당하고도 40세까지 선수생활을 한 선수들이다. 이유는 남들보다 다른 유연성을 가진 투수들이었기 때문이다.

최장수 투수는 송진우다. 1989년에서 2009년까지 45세가 되도록 선수생활을 하였다. 1998년 6승 10패 방어율 4.79로 한물갔다는 소리를 들었으나 계형철 코치를 만났고, 서클체인지업을 익히면서 1999년 15승 5패로 부활하여 10년 더 선수생활을 하였다.

이강철은 언더핸드의 편견을 깬 투수다. 2000년 이전까지만 해도 언더핸드, 사이드암은 투수 수명이 짧다는 것이 정설이었고 실제로 그런 투수들이 많았다. 신인 시절 노히트노런을 기록한 삼성 이태일은 전성기가 3년이었고, 선동열과 맞대결로 유명한 김진욱 6년, 박충식 6년이다. 그런데 이강철과 임창용이 장수해서 요즘은 이런 말이 사라졌다. 이강철이 40세, 임창용이 43세까지 선수생활을 계속했기 때문이다.

애니콜이라고 불리던 임창용은 1997년부터 1999년까지 3년 기록을 보면 모두 130이닝 이상으로 마무리가 규정이닝을 넘었다. 요즘은 마무리투수가 규정이닝을 채우면 혹사시켰다고 난리가 나는 시대다. 임창용은 특히 1999년 애니콜이라고 불리며 너무 많이 혹사당해 정규시즌 2.14 방어율 1위가 시즌 막판 롯데와 플레이오프전에서 구위가 떨어지며 2패 2세이브 방어율 4.67로 팬들의 걱정을 샀지만 끄떡없이 이듬해 김용희가 감독이 되면서 어깨 보호를 받으며 88과 3분의 2이닝을 던져 1.52의 방어율을 기록했다. 2018년 43세까지 선수생활을 하였다. 장수비결은 본인의 어깨 유연성이 좋아 나이 들어서도 구속을 유지할 수 있었다고 한다.

김용수 역시 2000년 41세의 나이에도 127이닝이나 던졌는데 시즌 후 구단과 감독에 의해 은퇴하게 되었다. 김용수 본인은 장수하게 된 비결이 자신에게 맞는 훈련을 열심히 했기 때문이라고 한다. 훈련을 열심히 했지만 야간훈련은 몸을 쉬게 해줘야 하는 시간도 필요하기 때문에 하지 않았다고 한다.

　　1990년대 후반에는 나이 어린 정삼흠이 코치가 되어 선수인 김용수를 훈련시켰다. 2001년 LG가 초반부터 꼴찌로 추락했고, 이광은 감독이 9승 16패로 경질되었을 때 김용수의 필요성이 나왔다. 40세 이후의 성적을 보면 송진우, 임창용, 김용수, 이강철, 손민한 같이 한 시절 대단한 투수들은 성적이 떨어졌지만 평범한 투수들의 성적 이상이다. 류택현, 박정진, 최영필은 노련미로 젊은 시절보다 방어율 등이 오히려 더 좋다.

40대 투수들의 통산 성적

	입단	은퇴	나이	40세 이후 성적
송진우	1989	2009	44	450.2이닝 4.05 28승 25패 1세 14홀
임창용	1995	2018	43	225.1이닝 4.27 21승16패 59세 13홀
박정진	1999	2017	42	228이닝 4.18 13승7패 2세 28홀
최향남	1990	2013	43	50.2이닝 4.26 3승5패 9세2홀
류택현	1994	2014	44	59.1이닝 3.94 3승1패 19홀
김정수	1986	2003	42	81.2이닝 3.63 3승4패 2세 30홀
손민한	1997	2015	41	153.1이닝 4.46 15승10패 1세 9홀
김용수	1985	2000	41	195.2이닝 4.41 9승13패 30세 1홀
이강철	1989	2005	40	19.2이닝 3.20 1패 3홀
최영필	1997	2017	44	192.2이닝 3.59 13승7패 3세 37홀
박철순	1982	1996	41	163.1이닝 3.69 11승8패 1세
송신영	1999	2017	41	20.2이닝 4.79 1패
오승환	2005			119이닝 2.64 6승4패 75세 2홀
고효준	2002			38.2이닝 3.72 1승 7홀

한국프로야구의 의미있는 랭킹

골든글러브,
황금장갑의 족적

황금장갑이라고 불리는 골든글러브는 시즌을 마친 다음 포지션별로 최고의 선수를 기자들의 투표로 뽑아 시상하는 것이고, 골든글러브 수상은 선수 개인에게는 자존심이자 자부심이다. 우리나라 골든글러브는 메이저리그 골든글러브와는 다르게 수비만 뛰어나면 받는 상이 아니다. 메이저리그는 수비력만 보고 상을 주지만 우리나라는 수비보다 공격이 더 좌우한다. 메이저리그에는 골든글러브 외에 각 포지션별로 최고의 공격 선수에게 주는 실버슬러거가 있는데 한국프로야구 골든글러브는 메이저리그의 실버슬러거에 가깝다.

그래서 최고의 1루수로 평가받는 서용빈은 1994년 1번, 2010년대 최고의 외야수라는 김강민은 2010년 1번 수상했다. 1980년대 외야 수비는 장효조, 김종모, 이광은, 박종훈보다 훨씬 좋은 장태수의 경우 선수 시절 골든글러브는 한 번도 수상하지 못했다.

타격의 달인 장효조는 외야 수비는 뛰어나지 못했다. 발은 빠르지만 수비가 조금 미숙했다. 특히 포구자세가 불안해 1980년대 삼성 경기에서 타구가 우익수 장효조 쪽으로 가면 삼성팬들은 약간의 불안함마저 있었다. 그러나 수위타자 4번으로 5번 외야수 골든글러브를 수상했다.

원년인 1982년에만 수비율로 골든글러브를 시상했다. 그래서 투수 황태환, 포수 김용운, 1루수 김용달, 2루수 차영화, 3루수 김용희, 유격수 오대석, 외야수 김성관, 양승관, 김준환이 차지했다. 김용희, 김준환 정도는 수십 년이 지나도 팬들이 쉽게 이름을 기억하지만, 다른 선수들은 골수팬이 아니라면 기억하기 쉽지 않은 선수들이다. 김용달은 타격코치를 하면서 유명세를 탄 야구인이다.

골든글러브 최다 수상자는 이승엽의 10번이다. 1루수 7번, 지명타자 3번이다. 입단했던 1995년부터 1루수로 나왔던 이승엽은 타격뿐만 아니라 1루수비도 서용빈에 이어 수준급으로 평가받았다. 1997년부터 2003년까지 이승엽이 7년 연속 1루수 골든글러브를 수상할 때는 같은 포지션으로 타격왕을 차지했던 3명의 선수 김기태, 마해영, 장성호가 골든글러브를 수상할 수 없었고, 이승엽을 제치고 1998년 홈런왕을 차지했던 우즈도 골든글러브를 수상할 수 없었다. 이승엽은 8년 일본생활 후 2012년 복귀해서 지명타자로 3번 더 골든글러브를 수상했다.

양준혁은 외야수 3번, 지명타자 4번, 1루수 1번 모두 8번 수상했다. 홍성흔은 포수 시절 2번 수상하였고, 포수 마스크를 완전히 벗은 후 지명타자로 4번 수상하였다. 이병규는 외야수로 이미 6번 받았고, 40대로 들어서면서 2013년에는 지명타자로 1번 수상하였다.

골든글러브를 많이 받은 수상자를 보면 그 선수가 이 포지션을 대표하는 선수라는 것을 대충 나타낸다. 3루수 최다 수상자는 공동 8회 한대화와 최정이다. 3루수 하면 한대화와 최정을 떠올리게 된다. 물론 3루수 자리는 다른 강타자들도 많아 김동주, 김한수, 이범호도 3루수를 대표한다고 할 수 있다.

갑론을박 중의 하나가 포수 이야기다. 야구팬들 사이에 1990년대 비슷한 시기에 활약하던 김동수와 박경완 중 누가 최고의 포수인지, 40년을 통틀어 이만수와 박경완 중 누가 더 나은 포수인지 사이버에서

논란이 끊이질 않았다. 정답은 없지만 골든글러브는 김동수 7번, 이만수 5번, 박경완 4번을 수상하였다.

골든글러브를 한 번도 받지 않았다면 놀랄 선수도 있다. 장성호와 정성훈이다. 장성호는 장효조 이후 최고의 교타자로 불리던 선수로 2,000경기 2,000안타, 200홈런, 9년 연속 3할 타자다. 이런 선수가 골든글러브를 한 번도 수상하지 않았다면 놀랄 것이다. 장성호가 3할을 치며 떠오르기 시작할 때 1루 자리에는 이승엽이 있었고, 이승엽이 해외 진출한 후 2004년부터는 양준혁에다 김태균 이대호가 있었기 때문이다. 이들을 능가하기에는 장타력에서 부족했다.

정성훈은 신인 시절부터 주전 3루수가 되며 통산 최다경기 출장 2위 선수로 규정타석이 안 될 때도 있지만 3할 타율을 8번 기록한 선수다. 공·수·주 3박자를 갖추었고, 20년 선수생활을 하는 동안 다른 팀에서 트레이드하려고 감독들이 단골로 눈독을 들인 선수다. 그러나 김한수, 김동주, 최정의 벽을 넘지 못했다.

이승엽, 장종훈, 선동열 같은 슈퍼스타가 아니고서는 골든글러브가 하늘에 별 따기만큼 어렵다. 그러나 행운의 골든글러브 수상자라는 말을 듣는 선수가 있다. 1996년과 1997년의 박재용이다. 0.250도 안 되는 0.245, 0.246의 타율로, 그것도 강타자들이 즐비한 지명타자에서다. 지명타자로 3년 연속 수상자 쌍방울 김기태가 1루로 돌아섰고, 박재용의 1996년은 1995년 지명타자 수상자 김형석과 성적이 비슷했지만 기자들 투표로 제쳤다.

1994년 2루수 수상자는 LG 박종호다. 지금이야 박종호도 레전드 2루수에 들어가지만 그것은 1998년 시즌 중 7월말 현대로 트레이드되고 나서부터다. 1994년 골든글러브를 수상할 수 있었던 것은 3할 타자 강기웅이 갑자기 0.240대로 떨어졌고, 박정태는 부상으로 한 경기도 나오지 않았기 때문이다.

포지션별 최다 수상자 (3번 이상)

포지션					
투수	선동열6	정민태3			
포수	김동수7	양의지7	강민호6	이만수5	박경완4
	장채근3	진갑용3			
1루수	이승엽7	김성한6	이대호4	박병호6	
2루수	박정태5	강기웅3	안경현3	정구선3	박종호3
	정근우3	김성래3	서건창3	안치홍3	
3루수	한대화8	김한수6	최정8	홍현우3	김동주3
유격수	김재박5	박진만5	이종범4	강정호4	김하성3
외야수	이병규6	장효조5	손아섭5	최형우5	김현수5
	이정후5	이순철4	박재홍4	김종모4	이정훈4
	이광은3	이강돈3	전준호3	양준혁3	심정수3
	박용택3	이종욱3	나성범3		
지명타자	김기태4	양준혁4	홍성흔4	이승엽3	

다관왕,
투타의 전설들이
쌓아올린 공든 탑

타자는 홈런왕, 타격왕, 타점왕, 출루율, 장타율, 최다안타, 득점, 도루의 8개 부문, 투수는 방어율, 다승, 탈삼진, 세이브, 승률, 홀드의 6개 부분 타이틀이 있다. 이 타이틀은 한 선수가 하나씩 가져가기보다는 한 선수가 몇 가지를 차지하는 경우가 많다.

  홈런왕은 홈런을 치면 자동으로 1점에서 4점까지 타점이 생기므로 타점왕에 유리하고 1타석 홈런 1개는 40할이 되므로 장타율왕을 차지하는 데도 유리하다. 그리고 홈런을 치면 자동으로 홈을 밟으므로 1득점이 생긴다. 타격왕은 살아서 나가는 것이기 때문에 출루율과 안타도 자동으로 계산된다. 그래서 홈런왕이 타점왕, 장타율왕, 타격왕이 출루율왕, 최다안타왕이 될 확률이 높다.

  이만수는 1983년에서 1985년까지 3년 연속 홈런왕을 할 때 타점왕도 동시에 차지하였다. 1984년은 장타율왕, 1983년과 1985년은 장타율 2위를 하였고, 장효조는 1983년과 1985년에서 1987년까지 타율왕을 할 때 출루율왕도 동시에 기록하였다.

  가장 많은 숫자의 다관왕은 2010년 이대호의 타격 7관왕이다. 트리플크라운이라는 홈런, 타율, 타점에다가 안타, 출루율, 장타율, 득점에서 1위를 하였다. 그보다 앞선 2006년에는 홈런, 타율, 타점, 장타율에서 1위를 하며 4관왕을 하였다. 특히 이대호는 2001년에 입단하여 5년 동안 0.280 이상의 타율도 한 번 쳐본 적이 없는 선수가 2006년에 4관왕을 차지하며 숨은 실력을 선보인 해다.

다관왕 중에 가장 의미가 큰 것은 트리플 크라운이다. 다른 부분에서 3개 이상 1위를 기록한 것보다 트리플 크라운에 들어가는 것에서 1위 한 것을 가장 높이 평가해준다.

타자 트리플 크라운은 홈런, 타점, 타율 1위를 말하는데 1984년 이만수와 2006년, 2010년 이대호가 달성하였다. 이만수의 트리플 크라운은 타율에서 경쟁자 홍문종의 마지막 2경기 9연타석 볼넷으로 가치가 깎인 편이지만 홍문종과 승부를 마지막 타석까지 해서 이만수가 타율왕이 되었다면 영원히 영광이 남았을 것이다.

트리플 크라운이 어려운 것은 홈런왕과 타율왕의 상관성이 작기 때문이다. 장종훈은 왕년 홈런왕이지만 수위타자와는 거리가 조금 있는 선수였다. 1990년에서 1992년까지 홈런왕을 했을 때 타점왕과 장타율왕은 같이 따라 왔지만, 문제는 타율이었다. 1991년은 0.345의 타율로 이정훈, 장효조에 이어 타격 3위이지만 장종훈은 선수시절 내내 2할대 타자였다.

양준혁은 1993년 신인 시절 타율, 장타율, 출루율에서 1위를 했지만 타점 2위, 홈런 2위를 하여 신인 트리플 크라운은 하지 못했다. 같은 팀 삼성의 김성래가 홈런, 타점 1위를 했다. 박재홍은 1996년 신인 시절 홈런, 타점에서 1위를 했지만 문제는 3할이 안 되는 타율이었다.

투수 트리플 크라운은 다승, 방어율 탈삼진 1위를 말한다. 2006년 류현진과 2011년 윤석민이 달성하였다. 그런데 탈삼진 공식타이틀은 1993년부터 공식 인정되어 1992년까지 다승, 방어율, 승률 1위가 트리플 크라운이다.

김시진은 1985년 다승, 승률, 탈삼진 1위지만 문제는 방어율이었다. 방어율이 2.00으로 아주 좋지만 1.92의 최동원, 1.70 선동열의 벽을 넘지 못하고 방어율 3위를 하였다. 구대성은 1996년 다승, 방어율, 승률에서 1위를 해서 트리플 크라운이 아니다. 183개 탈삼진을 잡았고 이 정도면 보통 탈삼진 1위인데, 1996년 유독 200개를 넘는 주형광, 정민철이 있었기 때문에 3위를 했다. 1997년 김현욱은 구대성과 똑같이 다승, 승률, 방어율 1위를 했으나 탈삼진이 135개로 4위를 하였다. 탈삼진에서 김현욱 앞에 정민철, 정민태, 이대진이 있었다.

　　혜성처럼 나타난 다관왕도 있다. 주인공은 김현욱과 신윤호다. 1993년 삼성에 입단하여 1996년까지 통산 4승 1패로 이름도 잘 알려지지 않았던 김현욱은 1997년 다승, 승률, 방어율 1위를 하였고, 1994년 입단하여 150km의 빠른 공으로 기대주 소리만 듣던 신윤호는 2001년 다승, 승률, 구원왕을 차지하였다. 두 선수 모두 감독이 김성근이었다는 공통점이 있다.

투수 다관왕

이름	팀	연도	수상
박철순	OB	1982	다승, 방어율, 승률
김시진	삼성	1985	다승, 승률, 탈삼진
선동열	해태	1989	다승, 방어율, 승률
선동열	해태	1990	다승, 방어율, 승률
선동열	해태	1991	다승, 방어율, 승률
구대성	한화	1996	다승, 방어율, 승률, 구원왕
김현욱	쌍방울	1997	다승, 승률, 방어율
신윤호	LG	2001	다승, 승률, 구원왕
류현진	한화	2006	다승, 방어율, 탈삼진
리오스	두산	2007	다승, 방어율, 승률
윤석민	기아	2011	다승, 방어율, 탈삼진, 승률
니퍼트	두산	2016	다승, 방어율, 승률
린드블럼	두산	2019	다승, 승률, 탈삼진

타자 다관왕

이름	팀	연도	수상
이만수	삼성	1983	홈런, 타점, 승리타점
이만수	삼성	1984	홈런, 타율, 타점, 장타율
이만수	삼성	1985	홈런, 타점, 승리타점
김봉연	해태	1986	홈런, 타점, 장타율
김성한	해태	1988	홈런, 타점, 장타율, 승리타점
김성한	해태	1989	홈런, 장타율, 승리타점
장종훈	빙그레	1990	홈런, 타점, 장타율
장종훈	빙그레	1991	홈런, 안타, 타점, 장타율
장종훈	빙그레	1992	홈런, 타점, 장타율
양준혁	삼성	1993	타율, 출루율, 장타율
이종범	해태	1994	타율, 안타, 출루율, 도루
양준혁	삼성	1996	타율, 안타, 장타율
이승엽	삼성	1997	홈런, 타점, 안타
김기태	쌍방울	1997	타율, 출루율, 장타율
양준혁	삼성	1998	타율, 안타, 출루율
이승엽	삼성	1999	홈런, 타점, 장타율, 출루율
이승엽	삼성	2002	홈런, 타점, 득점, 장타율
이승엽	삼성	2003	홈런, 타점, 득점
브룸바	현대	2004	타율, 출루율, 장타율
서튼	현대	2005	홈런, 타점, 장타율
이대호	롯데	2006	홈런, 타율, 타점, 장타율
김현수	두산	2008	타율, 안타, 출루율
김상현	기아	2009	홈런, 타점, 장타율
이대호	롯데	2010	홈런, 타율, 타점, 안타, 출루율, 장타율, 득점

이름	팀	연도	
최형우	삼성	2011	홈런, 타점, 장타율
이대호	롯데	2011	타율, 안타, 출루율
박병호	넥센	2012	홈런, 타점, 장타율
박병호	넥센	2013	홈런, 타점, 장타율, 득점
서건창	넥센	2014	타율, 안타, 득점
테임즈	NC	2015	타율, 장타율, 출루율, 득점
최형우	삼성	2016	타율, 타점, 안타
양의지	NC	2019	타율, 출루율, 장타율
로하스	KT	2020	홈런, 타점, 장타율 득점
이정후	키움	2022	타율, 안타, 타점, 출루율, 장타율

타자 트리플 크라운

이름	팀	연도	홈런	타율	타점
이만수	삼성	1984	23	0.340	80
이대호	롯데	2006	26	0.336	88
이대호	롯데	2011	44	0.364	133

투수 트리플 크라운

이름	팀	연도	다승	방어율	승률	탈삼진
선동열	해태	1986	24	0.99	0.800	
		1989	21	1.17	0.875	
		1990	22	1.13	0.786	
		1991	19	1.55	0.826	
류현진	한화	2006	18	2.23		204
윤석민	기아	2011	17	2.45		178

신인 통산 성적, 누구나 한 번은 신인이다

2000년 이전만 해도 정규시즌을 보는 재미 중의 하나는 신인들의 활약이다. 요즘은 프로에 바로 입단한 1년차 신인들이 주전을 뚫고 나가기 힘들고, 이정후, 강백호 같은 신인들이 어쩌다가 나오는 편이다. 보통 2군에 몇 년 있었던 중고신인이 되어야 활약하는 편이지만 2000년 이전만 해도 입단하는 해 바로 팀의 주축선수들이 되었던 신인들이 꽤 있었고 타이틀을 두고 기존의 유명한 선수들과 경쟁을 벌이기도 했다.

흥미를 끈 신인 몇 명을 이야기하면 1989년 고원부와 시즌 막바지까지 타격왕 경쟁을 벌였던 강기웅, 1987년 고향 팀 삼성으로부터 1차 지명을 받지 못하고 빙그레에 갔기 때문에 스타가 될 수 있었던 이정훈은 0.335의 타율에 타격 3위와 그 당시 공식 타이틀이 아니었지만 124개의 안타를 치며 최다안타 선수였다.

이정훈이 신인 시절 또 한 가지 흥미를 끈 것은 연속경기 안타 신기록이다. 그 당시는 1985년 이순철, 1986년 김광림의 21경기가 최고였는데 1987년 8월 20일 김시진으로부터 안타를 치며 22경기 연속 안타 신기록을 세웠다.

1995년 중고신인왕 이동수도 2군에서 혜성처럼 나타나 6월부터 김상호, 장종훈, 강영수와 홈런왕 경쟁을 펼치며 흥미를 돋우었다. 2006년 괴물 신인 류현진은 투수 3관왕을 하며 신인왕은 발표 전에도 따놓은 양상이었고, MVP를 타격 4관왕 이대호와 경쟁을 해서 받을 수 있을지가 관심거리였다.

    1980년대만 해도 신인들이 많은 영향을 끼쳤다. 1983년은 세계 야구선수권 대회로 1년 늦게 입단한 장효조, 김재박, 김시진, 최동원, 임호균, 이해창 같은 선수들도 신인이었지만 신인이라고 부르면 뭔가 어색했다. 어쨌든 1980년대 신인왕 수상자들은 팀 전력의 핵심이었다. 1984년 윤석환, 1985년 이순철, 1986년 김건우, 1987년 이정훈, 1989년 박정현…이름만 들어도 신인 시절은 화려한 선수들이었고, 이 선수들이 없었다면 그 팀 전력이 약해졌을 것이다.

    유일하게 1988년은 올림픽 야구 시범경기 참가로 조계현, 강기웅, 김기범, 송진우가 1989년 프로에 늦게 입단했고, 7승 11패의 이용철이 신인왕을 받았을 때는 비슷한 시기의 다른 신인왕과 비교되어 평가가 낮게 되는 면이 있었다. 그러나 이용철도 그 당시 약팀 MBC에서 2.81의 방어율로 이길환 다음으로 팀 내 최다승을 하며 나름대로 역할을 하였다.

    1990년대에도 입단해서 바로 팀을 이끌었던 신인들이 많았다. 1990년 LG트윈스 창단 첫 우승을 이끌었던 포수 김동수와 13승을 하며 신인 첫 노히트노런을 한 삼성 이태일, 해태 이호성을 시작으로 1991년 신인 구원왕 조규제, 1992년 혜성처럼 나타나 17승에 방어율 1위를 하며 롯데를 우승으로 이끈 염종석, 1993년 수위타자를 포함해 타격 3관왕 괴물 신인 양준혁, 한국시리즈 3차전 연장 15회 181구를 투구하여 레전드로 남은 14승 투수 박충식, 한국시리즈에서 7개의 도루를 하며 미래의 슈퍼스타를 예언한 이종범이 있었다.

    1994년에는 한때 신바람 야구라는 말을 유행시킨 LG트윈스 신인 3인방 서용빈, 유지현, 김재현, 1996년 30-30 괴물타자 박재홍, 1997년 인터뷰에서 조계현을 향해 "신인이라고 봐주지 말고 성의 있게 던져주세요."라고 했던 이병규, 1998년 김수경 등이 있었다.

2000년 이후에는 바로 전력의 핵심이 되는 신인들이 줄어든 편이다. 고등학교나 대학교를 졸업하고 바로 프로에 입단해 화려한 성적을 남긴 신인은 2002년 조용준, 2006년 괴물 신인 류현진, 2017년 이정후, 2018년 강백호가 있다.

2000년 이후는 중고신인들이 활약이 많았고, 신인왕도 구자욱, 이재학, 신재영 같은 중고신인왕들이 많이 나왔다. 2001년 김태균은 아직 장종훈이 건재하고 있어 한화에서 시즌 전 팀 전력으로 구상한 선수가 아니고 실험용으로 출전시켰는데 0.335의 타율을 기록하며 아주 좋은 활약을 해 신인왕을 차지했다. 신인 시절 김태균은 300타석이 되지 않는다.

신인 다승 3인방은 박정현, 김건우, 류현진이다. 박정현은 최창호, 정명원과 같이 투수3총사라고 불리며 인천 연고 야구단이 포스트시즌에 첫 진출하는 데 핵심이었고, 김건우는 1986년 MBC가 후기리그에서 플레이오프에 아깝게 탈락했지만 여기까지라도 오게 된 것은 18승을 한 신인 김건우가 없었다면 어려웠다. 2006년 한화가 7년 만에 한국시리즈에 올라간 것은 신인 류현진과 FA 보상 문동환의 원투 펀치가 있었기 때문이다.

신인 다승 순위

	이름	입단팀	연도	방어율	승패	이닝	탈삼진
1	박정현	태평양	1989	2.15	19승10패	242.2	116
2	김건우	LG	1986	1.80	18승6패	229.2	102
3	류현진	한화	2006	2.23	18승6패	201.2	204
4	김시진	삼성	1983	2.55	17승12패	229.1	154
5	염종석	롯데	1992	2.33	17승9패	204.2	127
6	성준	삼성	1986	2.36	15승5패	149	60
7	이강철	해태	1989	3.23	15승8패	195.1	138
8	신재영	넥센	2016	3.90	15승7패	168.2	99
9	유명선	삼성	1989	3.85	14승8패	170.2	102
10	정민철	빙그레	1992	2.48	14승4패	195.2	145
11	박충식	삼성	1993	2.54	14승7패	155.2	97
12	이태일	삼성	1990	3.50	13승6패	113	45
13	오봉옥	삼성	1992	3.55	13승	126.2	64
14	최상덕	태평양	1994	2.51	13승9패	158	90
15	소형준	KT	2020	2.51	13승6패	133	92
16	위재영	태평양	1995	3.60	13승10패	157.2	113
17	임호균	삼미	1983	3.03	12승15패	234.2	86
18	이상군	빙그레	1986	2.63	12승17패	243.1	104
19	김수경	현대	1998	2.76	12승4패	160	168
20	윤석환	OB	1984	2.84	12승8패	146	111
〃	김진우	기아	2002	4.07	12승11패	188	177

신인타율 순위

	이름	입단팀	연도	타율	안타	홈런	타점
1	장효조	삼성	1983	0.369	117	18	62
2	구자욱	삼성	2015	0.349	143	11	57
3	양준혁	삼성	1993	0.341	130	23	90
4	이정훈	빙그레	1987	0.335	124	4	34
5	이정후	넥센	2017	0.324	179	2	47
6	강기웅	삼성	1989	0.322	113	1	33
7	서용빈	LG	1994	0.318	157	4	72
8	동봉철	삼성	1992	0.317	130	11	52
9	박종훈	OB	1983	0.312	117	3	24
10	유두열	롯데	1983	0.307	90	9	36
11	유지현	LG	1994	0.305	147	15	51
12	이병규	LG	1997	0.305	151	7	69
13	이순철	해태	1985	0.304	112	12	50
14	이호성	해태	1990	0.304	95	7	48
15	강동우	삼성	1998	0.300	124	10	30
16	박민우	NC	2014	0.298	124	1	40
17	이강돈	빙그레	1986	0.297	103	10	36
18	박재홍	현대	1996	0.295	142	30	108
19	배영섭	삼성	2011	0.294	100	2	24
20	강백호	KT	2018	0.290	153	29	84

저니맨,
야구도 인생이라
어쩔 수 없이

프로야구에서 저니맨이라고하면 여러 팀을 옮겨 다닌 선수를 말한다. 프로야구에서 트레이드는 필수불가결이다. 팀 전력을 보강하기 위해서나 감독의 스타일에 맞는 유형의 선수를 경기에 출장시키기 위해 필요하다.

송진우처럼 한 팀에서 21년 유니폼을 입은 선수도 있지만 많은 선수들이 유니폼을 갈아입었다. FA가 생기기도 훨씬 오래 전 영원히 한 팀의 간판선수가 될 것 같았던 MBC 김재박은 마지막 한 시즌은 태평양 유니폼을 입었다. 최동원, 김용철, 김시진, 장효조, 김일권, 이순철, 김형석처럼 한 팀의 기라성 같은 영원한 간판선수일 듯했던 선수들이 다른 팀 유니폼을 입고 은퇴하였다.

팀을 많이 옮기는 선수들에게 저니맨이라는 말이 따라다니는데 저니맨은 프로야구에서 트레이드가 필수에 가깝다 보니 4번, 5번 정도는 팀을 옮겨야 저니맨이라는 말이 어울린다.

6개 팀을 돌아다니며 저니맨 최고 기록을 갖고 있는 최익성은 자신이 저니맨이라는 사실에 대해 불만이 없었다. 스타 선수들과 같은 유니폼을 입어서 만족한다고 하였다.

최익성이 선수 시절에는 NC와 KT가 창단되지 않은 8개 팀이었다. 그러면 '최익성이 8개 팀 중에서 유니폼을 입지 않은 팀이 어느 팀일까요?' 하는 퀴즈가 나올 수 있다. 최익성이 유니폼을 입지 않은 팀은 롯데와 두산이다. 삼성 유니폼은 2번 입었고, 방출로 팀을 옮긴 것은 2번이다. 2004년 시즌 후 삼성과 2003년 시즌 후 현대에서다. 2004년에 삼성에서 방출된 후 테스트를 받고 SK에 입단했는데 그것이 한국에서 자신의 프로 마지막이 되었다.

최익성과 같이 6개 유니폼을 입은 선수는 백업 포수 허도환이다. 허도환이 활약할 때는 10개 팀이다. 허도환이 유니폼을 입어본 적이 없는 팀은 삼성, 기아, 롯데, NC이다. 허도환이 LG 유니폼을 입게 된 것은 김재성이 박해민의 FA 보상선수로 삼성에 가게 되어 포수 부족이 생겨서 허도환을 영입하였다.

포수 저니맨은 의미가 크다. 예전에는 포수를 함부로 트레이드시켜서는 안 된다는 이야기가 있었다. 작전이 쉽게 노출될 수 있기 때문이다. 1998년 쌍방울은 구단 운영 때문에 할 수 없이 박경완을 현대로 트레이드했는데 현대 유니폼을 입은 박경완이 찬스 때 호쾌한 스윙을 하자 친정팀 작전이 읽혔다고 하였다.

저니맨이라는 말이 생겨난 것은 최익성 이후인 것 같다. 그 이전에도 저니맨이라고 불릴 만한 선수는 있었다. 원조는 이광길이다. 1983년 삼미에 입단해서 1992년까지 4번 트레이드되었다. 삼미, 롯데, 빙그레, 태평양, 삼성을 돌았고, 팀이 여러 번 바뀌었던 인천 연고 팀에서는 삼미, 태평양 유니폼을 입었다.

그 다음은 최익성 앞 동봉철이다. 1992년 입단 첫해 전 경기 출장하여 0.317 타율에 우수한 외야 수비를 했으나 3년째부터 실력이 나오지 않았고, 백인천이 1996년 삼성 감독이 된 후 1996년 해태, 1997년 LG, 1998년 한화, 1999년 쌍방울 유니폼을 입으며 4시즌 동안 4팀의 유니폼을 입는 것이 신기하게 여겨지던 시절이었다.

　이동수는 1995년 어렵게 자리 잡아 홈런 22개를 치며 신인왕을 하였으나 문제는 3루 수비였다. 20개 실책을 하며 다음 연도부터 수비 때문에 주전이 되지 못하여 1997년 시즌 중 롯데로 트레이드되며 떠돌이 신세가 되었다. 그러나 한 방이 있어 김성한 감독처럼 이동수를 중용하려는 감독이 있어 5개 유니폼을 입게 되었다.

　또 김영수는 지옥에서도 데려온다는 좌완 파이어볼러라서 기대로, 윤재국은 작전수행 능력이 뛰어나서, 김상현은 화끈한 홈런 한 방 때문에 기대를 갖는 감독, 코치가 있어 저니맨이 되었다.

　1년 계약해서 못하면 며칠 만에도 퇴출되는 용병도 있는데 5개 팀, 6개 팀 유니폼을 입지는 못하지만 저니맨이라고 불릴 만한 용병 선수도 있다. 브리또, 소사, 옥스프링이다.

　보통 유격수는 타격이 약한 편인데, 유격수로 호쾌한 스윙을 하는 브리또는 인기가 많아 SK, 삼성, SK, 한화로 3번 팀을 옮겼다. 소사는 기아, 넥센, LG, SK 4팀 유니폼을 입은 저니맨으로 1,291이닝 넘게 던지며 니퍼트와 함께 용병 최다이닝 공동 2위다. 던지는 비중이 많지는 않지만 생소한 너클볼 투수로 유명한 옥스프링은 LG, 롯데, KT 세 팀 유니폼을 입었다.

저니맨들이 거쳐간 팀들

이름	입단							
최익성	1994	삼성	한화	LG	해태	현대	삼성	SK
허도환	2007	두산	히어로즈	한화	SK	KT	LG	
동봉철	1992	삼성	해태	LG	한화	쌍방울		
이동수	1992	삼성	롯데	쌍방울	해태	두산		
김영수	1997	OB	롯데	SK	롯데	기아		
박석진	1995	삼성	롯데	삼성	롯데	LG		
임재철	1999	롯데	삼성	한화	두산	LG	롯데	
조규제	1991	쌍방울	현대	SK	현대	기아		
이광길	1983	삼미	롯데	빙그레	태평양	삼성		
최향남	1990	해태	LG	기아	롯데	기아		
윤재국	1998	쌍방울	롯데	두산	한화	SK		
심수창	2004	LG	넥센	롯데	한화	LG		
마해영	1995	롯데	삼성	기아	LG	롯데		
고효준	2002	롯데	SK	기아	롯데	LG	SSG	
김상현	2000	해태	LG	기아	SK	KT		

KBO에서
해외로 진출한 선수들

프로에서 정상급에 오른 선수들은 대부분 해외진출을 원한다. 누구나 더 큰 무대에 뛰고 싶어 하는 것이 당연한 일이고, 팬들도 메이저리그 같은 더 큰 무대에서 뛰면서 실력을 발휘하는 모습을 보고 싶어 한다. 요즘은 FA제도가 있어 자격만 갖추고 미국이나 일본에서 콜만 있으면 쉽게 가는 편이지만, 1990년대 선동열, 이종범, 이상훈이 갈 때만 해도 FA제도가 없어서 쉽지 않았다.

1998년 현대가 인천 연고 첫 우승 후 에이스 정민태는 이제 일본에 보내달라고 구단 고위층에 사정하는 장면이 카메라에 찍혀 신문에 사진이 나오던 시절도 있었다.

해외 진출 해프닝도 꽤 있었다. 1993년은 삼성과 해태가 한국시리즈에서 만난 해다. 삼성의 어느 코치는 선동열과 친분이 있어 선동열의 해외 진출을 도와주려다가 선동열을 빼돌려 해태 전력을 약화시키려 한다고 오해를 받은 적이 있다. 1995년 일본진출을 갈망하는 선동열과 '선동열은 꼭 일본에 가야 한다.'는 팬들의 성원이 결과로 나타나 1996년부터 주니치 유니폼을 입게 되었다.

1997년 시즌 후 이상훈은 포스팅을 통해 메이저리그에 진출하려다가 포스팅 금액이 60만 달러로 너무 적다고 LG에서 포기했고, 이상훈은 일본 주니치 드래곤스로 방향을 바꾸었다. 진필중은 2001년 시즌 후 포스팅 신청을 했으나 입찰자가 없었고, 1년 후 다시 신청했으나 2만 5천 달러를 제시받았다. 우리나라 돈으로 3천만 원 조금 넘는 돈이었다. 그 당시 진필중을 국내에서 현금 트레이드한다면 최소 10억, 20억은 받았을 시절이었다. 양준혁은 2001년 시즌 후 선수협 문제로 FA 미아가 되어 우리나라에서 계약하겠다는 팀이 없어 메이저리그 팀 뉴욕메츠에 자신의 모습을 담은 비디오를 보내 선구안에서 합격점을 받고, 뉴욕메츠에서 받아주려고 하였으나 국내로 돌아올 때 받아줄 팀이 없다고 생각하여 포기했다고 한다.

가장 끈질긴 해외 진출파는 최향남이었다. 우리나라에서 내로라하는 정민철, 정민태, 이병규 등은 일본에 갔다가 실패해서 한국으로 되돌아온 후 조용히 활약하다가 은퇴했으나 최향남은 1998년 자신의 최고 성적을 올린 후부터 해외 진출 희망으로 신문에 자주 등장했다. 2000년대 중반 기아 시절, 2000년대 후반 롯데 시절 해외에서 오라는 팀이 있으면 풀어달라고 조건을 걸었다. 트리플A까지 갔지만 메이저리그는 밟아보지 못했다.

해외 진출 1년 전 성적은 중요하다. 쭉 잘해오다가 해외 진출을 앞두고 한순간 못해서 메이저리그 스카우트들이 포기할 수 도 있다. 강정호는 피츠버그 입단 1년 전 2014년 '40홈런 유격수'가 되었다. 149안타, 40홈런, 타율 0.356, 117타점. 자신의 프로생활 최고 기록이다. 박병호 역시 미네소타 입단 1년 전 2015년 181안타, 53홈런, 0.343의 타율. 자신의 프로 최고 성적이었다.

메이저리그 진출 최고는 류현진이다. 포스팅을 통해 2,573만 달러를 제시받았고, 박병호는 1,285만 달러다.

메이저리그 투수 통산 성적

이름	주요팀	경력	경기	이닝	승	패	세	방어율	삼진
류현진	LA다저스	10년	175	1003.1	75	45		3.27	896
임창용	시카고컵스	1년	6	5				5.40	5
김광현	세인트루이스	2년	35	145.2	10	7	1	2.97	104
구대성	뉴욕메츠	1년	33	23				3.91	104
이상훈	보스턴	1년	9	11.2				3.09	6
양현종	텍사스	1년	12	35.1		3		5.60	25
오승환	세인트루이스	4년	232	225.2	16	13	42	3.31	252

메이저리그 타자 통산성적

이름	팀	경력	경기	타수	안타	타율	타점	홈런
박병호	미네소타	1년	62	215	41	0.191	24	12
이대호	시애틀	1년	104	292	74	0.253	49	14
김현수	볼티모어	2년	191	517	141	0.273	36	7
김하성	샌디에이고	2년	267	784	184	0.235	93	19
강정호	피츠버그	4년	297	917	233	0.254	144	46

NPB 투수 통산성적

이름	팀	경력	경기	이닝	승	패	세	방어율	탈삼진
선동열	주니치	4년	162	197	10	4	98	2.70	228
이상훈	주니치	2년	47	128	7	5	3	3.30	98
정민태	요미우리	2년	27	38.2	2	1		6.28	28
정민철	요미우리	2년	12	59.1	2	3		4.70	44
구대성	오릭스	4년	110	503	24	34	10	3.88	504
이혜천	야쿠르트	2년	61	54.1	1	2	1	4.12	45
임창용	야쿠르트	5년	238	233	11	13	128	2.09	231

NPB 타자 통산 성적

이름	팀	경력	경기	타수	안타	타율	타점	홈런	도루
이종범	주니치	4년	311	1095	286	0.261	99	27	53
이승엽	요미우리	8년	797	2668	686	0.257	439	159	18
이병규	주니치	3년	265	997	253	0.254	119	28	1
이범호	소프트뱅크	1년	48	124	28	0.226	8	4	
이대호	오릭스	4년	570	2122	622	0.293	348	98	

올스타전, 한국프로야구의 팬서비스 대잔치

'별들의 전쟁'이라고도 부르는 올스타전은 7월 중순이 지나 팬들에게 각 팀 스타 선수들을 뽑아 동군, 서군 두 팀으로 나누어 경기를 펼치는 이벤트 형식으로 볼거리를 주는 큰 행사다.

초창기에는 비중이 높아 1985년까지는 3경기나 하였으나 1986년부터 1경기를 하였다. 올스타전 하면 동군, 서군으로 익숙해져 있는데 2011년 두 팀을 이스턴, 웨스턴이라고 했다가 2015년부터 팀 이름을 드림, 나눔으로 바꾸었다.

올스타전 포지션별로 스타팅 멤버는 팬들의 투표로 뽑히고, 나머지 엔트리에 들어가는 선수는 감독이 추천하는 선수다. 올스타전에 투표로 가장 많이 뽑힌 선수는 13번의 이종범이다. 이종범은 1993년 신인시절부터 주니치 드래곤스에 가기 전 1997년까지 5년 연속 유격수 포지션에서 뽑혔고, 일본에서 돌아온 후 2002년부터 2009년까지 8년 연속 외야수인 좌익수, 중견수, 우익수 모두 스타팅 멤버로 출전했다.

이종범 다음에는 12표의 이만수와 양준혁이다. 1980년대 팬들에게 최고의 인기선수는 이만수다. 이만수는 포수로 원년에서 1993년까지 12년 연속이다. 김성현에게 주전포수 자리를 빼앗긴 1993년까지 동군 포수 투표 1위였다. 포수에서 서군은 유승안, 김진우, 김무종, 김동수, 장채근이 올스타전에 뽑혀 스타팅 멤버로 경기에 나갔으나 동군은 12년 동안 롯데 한문연, 김용운, OB 김경문, 김호근, 김태형은 스타팅멤버에 뽑힐 수 없어 감독 추천 선수로라도 나갈 수 있으면 다행이었다.

올스타전 투수 운영은 김성근 식 벌떼 마운드 운영이다. 한 명의 투수가 3이닝을 넘길 수 없다. 3이닝을 던지면 자동 강판된다.

올스타전은 올스타전의 특징이 몇 가지 있다.

투수들은 정면승부를 한다. 유인구를 던지는 까다로운 투수도 올스타전 분위기에 맞춰 정면승부를 한다. 1997년 유지현은 까다롭기로 유명한 삼성 김태한으로부터 결승타를 치고 MVP를 수상했다. 인터뷰에서 유지현은 "그래도 올스타전이기 때문에 김태한이 정면승부를 할 것이라고 예상하고 노리고 있었다."고 했다.

그리고 즐기는 경기에 초점을 맞추기 때문에 40년 올스타전 동안 희생번트는 2번 있었다. 희생번트를 댄 선수는 구천서와 김성갑으로 1995년 이전에 은퇴한 선수들이다. 그 당시는 올스타전도 정규시즌처럼 목숨 거는 감독이 있었다. 유명한 김응용, 한대화 사건처럼.

올스타전 출전 의의는 MVP다. 모든 선수들이 마음속으로는 MVP를 노릴 것이다. 김성한은 분명이 사구인데 자신은 공에 맞지 않았다고 1루로 가지 않고 주심에게 우긴 적이 있다. MVP를 2번 한 선수는 김용희, 박정태, 정수근, 홍성흔, 이대호다. 김용희는 올스타전 활약으로 미스터 롯데라는 별명이 생겼다.

2001년 올스타전에서 타석에 들어선 정수근이 박정태와 양준혁의 타격 폼으로 방망이를 휘둘러 관중과 시청자들을 웃음바다로 만들기도 했다.

투수에서는 김시진이 돋보인다. 역대 올스타전 최고의 투수는 김시진이다. 최다 이닝 22이닝 넘게 던지고, 1.61의 방어율에 올스타전 최다승 3승이다. 삼성팬 입장에서는 포스트시즌에 잘해주지 할 수도 있다. 김시진이 포스트시즌에 정민태처럼 했다면 삼성은 1980년대 이미 한국시리즈 우승을 3번 차지하였다.

타자는 양준혁이다. MVP는 한 번도 못했지만 올스타전 통산 최다 안타 23개와 공동 최다홈런 4개를 기록하고 타율은 0.434이다. 그런데 양준혁도 포스트시즌에는 약한 모습을 보였다. 특히 1993년 한국시리즈에서 양준혁만 찬스에서 이름값을 해줬다면 삼성이 우승을 차지하였을 것이다.

올스타전에서 이기려는 분위기는 정규 시즌과 다르지만 도루가 끊이지는 않았다. 최고 도루는 이종범의 9개다. 포스트시즌이라고 이종범의 발야구는 쉬지 않았다. 김일권 7개, 양준혁 4개다. 정규시즌 통산 8개 도루 느림보 이병훈도 올스타전에 1경기 출장하여 1개의 도루를 하였다.

올스타전 통산승리 순위

이름	경기	이닝	승	패	세	방어율	탈삼진
김시진	9	22.1	3	1		1.61	15
손민한	9	16.1	2			3.31	9
임창용	9	14	2	1		3.86	11
이상훈	5	9	2			1.00	8
계형철	3	6.2	2		11	0.00	5
이길환	3	6	2			3.00	2
성준	3	4	2			0.00	

올스타전 통산안타 순위

이름	경기	타수	안타	타율	홈런	타점
양준혁	16	53	23	0.434	4	12
신경식	14	51	21	0.412	1	5
이종범	13	50	17	0.340	1	7
장효조	13	40	17	0.425		7
김성한	16	54	16	0.296	1	8
김용희	12	40	15	0.375	4	13
한대화	13	42	13	0.310	1	5
윤동균	13	38	13	0.342	2	2
김용철	13	40	13	0.325	3	6
이대호	7	29	13	0.448	2	4

역대 올스타전 MVP

연도	팀	수비	이름	연도	팀	수비	이름
1982	동군	3루수	김용희	2002	서군	외야수	박재홍
1983	동군	1루수	신경식	2003	서군	외야수	이종범
1984	동군	3루수	김용희	2004	동군	외야수	정수근
1985	동군	투수	김시진	2005	동군	3루수	이대호
1986	서군	포수	김무종	2006	동군	포수	홍성흔
1987	서군	외야수	김종모	2007	동군	외야수	정수근
1988	서군	3루수	한대화	2008	동군	3루수	이대호
1989	동군	외야수	허규옥	2009	웨스턴	2루수	안치홍
1990	동군	1루수	김민호	2010	이스턴	지명타자	홍성흔
1991	동군	외야수	김응국	2011	웨스턴	외야수	이병규
1992	서군	1루수	김성한	2012	이스턴	3루수	황재균
1993	서군	외야수	이강돈	2013	이스턴	외야수	전준우
1994	서군	투수	정명원	2014	웨스턴	1루수	박병호
1995	서군	3루수	정경훈	2015	드림	포수	강민호
1996	동군	외야수	김광림	2016	드림	외야수	민병헌
1997	서군	유격수	유지현	2017	드림	3루수	최정
1998	동군	2루수	박정태	2018	나눔	유격수	김하성
1999	드림	2루수	박정태	2019	드림	외야수	한유섬
2000	매직	외야수	송지만	2022	나눔	2루수	정은원
2001	동군	지명타자	우즈				

책을 집필하고, 만들고, 읽는 사람들이 함께 모여 협동조합을 만들었습니다. 부지런히 한마음 한 뜻이 되기 위해 노력하면서 새로운 책 문화를 만들어 나갈 수 있도록 해보겠습니다. 한 번 조합원으로 가입하시면 가입 이후 modoobooks(모두북스)에서 출간하는 모든 책을 평생 동안 무료로 받아 볼 수 있습니다.

*조합가입비 (1구좌) 500,000원
*조합계좌 농협 355-0048-9797-13 모두출판협동조합
*조합연락처 전화02)2237-3316 팩스 02)2237-3389
이메일 ssbooks@chol.com

조합원

강석주 강성진 강제원 고수향 권 유 김완배 김욱환 김원배 김정응 김종탁 김철주 김헌식 김효태 도경재 문 웅 박성득 박정래 박주현 박지홍 박진호 박평렬 서용기 성낙준 성효은 신광영 심인보 양영심 오대환 오신환 오원선 옥치도 원진연 유별님 유영래 이승재 이영훈 이재욱 이정윤 이지행 임민수 임병선 전경무 정병길 정은상 조현세 채성숙 채한일 최중태 허정균 홍성기 황우상

법인 조합원

㈜농업회사법인 포프리(대표 김회수)/ ㈜농업회사법인 길선(대표 이동현)/ ㈜디자인 아이넥스 (대표 이지행)